Aviva nuestro corazón

RENDICIÓN

El corazón en paz con Dios

NANCY LEIGH DeMOSS

PORTAVOZ

La misión de *Editorial Portavoz* consiste en proporcionar productos de calidad —con integridad y excelencia—, desde una perspectiva bíblica y confiable, que animen a las personas en su vida espiritual y servicio cristiano.

Título del original: *Surrender: The Heart God Controls*, © 2005 por Nancy Leigh DeMoss y publicado por Moody Publishers, Chicago, Illinois 60610-3284. Todos los derechos reservados.

Edición en castellano: *Rendición: El corazón en paz con Dios*, © 2006 por Nancy Leigh DeMoss y publicado por Editorial Portavoz, filial de Kregel Publications, Grand Rapids, Michigan 49501. Todos los derechos reservados.

A menos que se indique lo contrario, todas las citas bíblicas han sido tomadas de la Nueva Versión Internacional, © 1999 por Sociedad Bíblica Internacional. Todos los derechos reservados.

Las citas bíblicas señaladas LBLA han sido tomadas de LA BIBLIA DE LAS AMÉRICAS,

© 1986, 1995, 1997 por The Lockman Foundation. Todos los derechos reservados.

Traducción: Mercedes De la Rosa y Carmen Luz Ochoa
Revisión: Haydee Marín

EDITORIAL PORTAVOZ
P.O. Box 2607
Grand Rapids, Michigan 49501 USA

Visítenos en: www.portavoz.com

ISBN 978-0-8254-1186-1

3 4 5 6 edición / año 15 14 13

Impreso en los Estados Unidos de América
Printed in the United States of America

Oh Dios, cuya voluntad todo lo conquista,
No hay consuelo en nada que no sea
El disfrutar de ti y servirte.

Tú lo eres todo, y todos los goces proceden de ti, y de nadie más.

Me complazco en tu voluntad, sea cual fuere,
O deba ser en todo asunto,
Y si tú me ordenaras decidir por mí mismo en algo,
Yo optaría por referirlo a ti,
Pues tú eres infinitamente sabio y no puedes errar,
Como corro yo el peligro de hacerlo.

Me regocijo al pensar que todas las cosas están a tu disposición,
Y me deleita el dejarlas ahí...

Por mí mismo nada puedo hacer para glorificar tu santo nombre,
Pero por medio de la gracia, puedo rendir a ti con alegría cuerpo y alma.

Tomado de *The Valley of Vision: A Collection
of Puritan Prayers and Devotion* [El valle de la visión: Una
colección de oraciones y devociones puritanas]

CONTENIDO

PRÓLOGO

Nunca olvidaré aquella visita especial que hice a Lima, Perú. Iba camino a Argentina para predicar allí, pero me detuve en ese país por unos días para asistir a la conferencia anual de un movimiento nacional de iglesias dedicadas a propagar el evangelio de Cristo por todo el Perú.

Esa noche el culto fue una bendición, a pesar de que tuve que depender en gran manera de un intérprete que estaba sentado junto a mí. En mitad de la reunión, los líderes llamaron a la plataforma a una joven pareja que parecían tener entre 25 y 30 años de edad. Mientras los líderes los presentaban al auditorio y se preparaban para orar por ellos, la congregación comenzó a cantar en español un hermoso coro de alabanza al Señor.

De repente, la presencia del Señor descendió en aquel culto de una manera evidente y fresca. Me dirigí a mi amigo y le pregunté qué estaba pasando exactamente. Resulta que la joven pareja había sido capacitada para ministrar la Palabra de Dios y después de mucha oración, se dirigían a una zona remota de la selva del Perú con el fin de establecer una iglesia allí. Posteriormente me enteré que no tenían edificio para la iglesia ni una congregación que estuviera esperándolos, así como tampoco una casa preparada para poder vivir.

Con solo unos cuantos dólares que la conferencia les había dado, este hombre y su esposa estaban dando un paso de fe en total rendición al propósito de Dios para ellos. Las cientos de cosas por las que nosotros podríamos preocuparnos, para ellos no significaban nada. Todavía recuerdo sus rostros resplandecientes y las lágrimas de gozo que había en sus ojos. Tampoco olvidaré nunca la manera en que Dios conmovió mi propio corazón y lo ministró por medio de la rendición de esa pareja a Jesús.

La mayor adoración y el mayor servicio a Dios posibles ocurren cuando obedecemos la súplica del apóstol Pablo en Romanos 12:1 (cursivas añadidas): "Por lo tanto, hermanos, tomando en cuenta la misericordia de Dios, les ruego que cada uno de ustedes, en adoración espiritual, *ofrezca su cuerpo como sacrificio vivo*, santo y agradable a Dios".

El cristianismo sin este principio de rendición de corazón a nuestro Señor vivo es una contradicción de la esencia misma de lo que es seguir a Jesús. Produce vidas que están en bancarrota espiritual, e iglesias apáticas e impotentes. Para cantar "Aleluya" a Dios se necesita gracia, pero se necesita mucha más gracia para cantar sinceramente "Salvador, a ti me rindo" (himno escrito por Judson W. Van De Venter en 1896).

Hace muchos años, un joven pastor metodista libraba una lucha entre su llamamiento y un ataque severo de desaliento. Esperaba que Dios le cambiara la asignación, pero sus superiores lo volvieron a designar al mismo lugar difícil de ministerio. A medida que la crisis espiritual se agudizaba en su interior, llegó al punto culminante de *rendición a la voluntad de Dios*, significara eso lo que significara. Ese día, también escribió un himno que es uno de los primeros que recuerdo haber escuchado en la iglesia cuando era niño:

¿Le dejarás hacerte libre,
Su llamamiento vas a seguir?
¿Quieres conocer la paz
Que viene de todo entregar?
¿Le dejarás salvarte,
Para que no puedas caer?
¡Que su voluntad se haga en ti!

Su poder te puede hacer
Lo que debes ser,
Su sangre puede tu corazón
Limpiar y liberar,
Su amor puede tu alma llenar, y así verás,
Que lo mejor fue ¡que su voluntad se hiciera en ti!

—Traducción libre de "His Way With Thee"
[Su voluntad en ti], himno escrito por C. S. Nusbaum

Me alegro mucho que Nancy Leigh DeMoss haya escrito este importante libro sobre la rendición a Dios y las implicaciones que esto tiene para cada uno de nosotros y para el reino de Dios. ¡Que el Señor lo use en todo el mundo para su gloria!

Jim Cymbala,
Pastor principal Iglesia "The Brooklyn Tabernacle",
ciudad de Nueva York

RECONOCIMIENTOS

Como todos los nacimientos, cada libro tiene su propio proceso de gestación, parto y alumbramiento, y en ese proceso participan una variedad de profesionales y amigos apoyando y ayudando. Este libro no es una excepción. Tengo una deuda especial de gratitud con...

- *Mis amigos de Moody Publishers y de Editorial Portavoz*: Ustedes son espíritus afines y verdaderos socios en el ministerio;
- *Lela Gilbert*, por sus opiniones durante la etapa de elaboración y en particular por su contribución a algunas partes del capítulo 5;
- *Holly Elliff, Andrea Griffith, Tim Grissom y el Dr. Bill Thrasher*, por leer varios borradores y ofrecer sugerencias útiles;
- Los maravillosos hombres y mujeres que forman parte del personal de *Revive Our Hearts* [Aviva nuestro corazón]. Doy gracias de manera especial a Dawn Wilson por su ayuda en la investigación, y a Mike Neises, por su piadoso y sabio manejo de nuestros esfuerzos de publicación;
- El *Dr. Bruce Ware*, por el amparo de su cuidadosa revisión teológica;
- *Bob Lepine*, por su ayuda en la elaboración, el moldeamiento

y la refinación de este mensaje. Su contribución ha sido significativa e inapreciable.

- Mis *"amigos que oran"*: Ustedes nunca sabrán de este lado de la eternidad cuánto necesito sus oraciones y aliento, y cómo cuento con ellos. Me han ayudado a mantener el rumbo y me han hecho una sierva mucho más fructífera de lo que jamás hubiese sido sin ustedes.

INTRODUCCIÓN

Probablemente habrá en nuestra peregrinación
cristiana un momento en que,
al igual que Jacob, lucharemos con Dios
durante toda la noche... pero finalmente llegará un
amanecer en el cual diremos:
"Está bien, Señor, tú ganas...
no se haga mi
voluntad sino la tuya".

GARY THOMAS[1]

El 10 de marzo de 1974, casi 30 años después de terminada la Segunda Guerra Mundial, el teniente Hiroo Onoda entregó finalmente su oxidada espada y se convirtió en el último soldado japonés en rendirse.

Onoda había sido enviado a la isla tropical de Lubang, en las Filipinas, en 1944 con órdenes de conducir una guerra de guerrillas e impedir el ataque enemigo a la isla. Cuando la guerra terminó, Onoda se negó a creer los mensajes que anunciaban la rendición de Japón.

Durante 29 años, mucho después de la rendición o muerte de sus compañeros soldados, Onoda continuaba defendiendo el territorio de la isla para el derrotado ejército japonés. Se ocultó en la selva, viviendo fuera de su tierra, robando alimentos y suministros a los ciudadanos locales, evadiendo un equipo de búsqueda tras otro, y matando al menos 30 nacionales en el proceso. Se gastaron cientos de miles de dólares tratando de localizar al guerrero solitario para convencerlo de que había terminado la guerra.

Se dejaron caer en la selva folletos, periódicos, fotografías y cartas de amigos; se hicieron anuncios por altoparlantes suplicando a Onoda que se rindiera, pero él seguía negándose a abandonar su pelea. En el esfuerzo se desplegaron unos

13.000 hombres antes de que Onoda finalmente recibiera una orden personal de su antiguo comandante y fuera persuadido a abandonar la inútil y solitaria guerra que había librado durante tantos años.[2]

En su autobiografía titulada *No Surrender: My Thirty-Year War* [No me rindo: Mi guerra de 30 años], Onoda describe el momento en que comenzó a entender la realidad de lo que estaba sucediendo:

> Me sentí como un tonto... ¿Qué había estado haciendo todos esos años?... Por primera vez entendí de verdad... Aquel era el final. Tiré del cerrojo del fusil y saqué las balas... Me quité de encima la mochila que siempre había llevado conmigo y puse el arma sobre ella.[3]

La guerra finalmente había terminado.

NUESTRA GUERRA PERSONAL

Al considerar desde la perspectiva actual la situación, Hiroo Onoda parece haber estado, en el mejor de los casos, tristemente equivocado, y en el peor, haber sido absurdamente tonto. Los mejores años de su vida fueron desperdiciados peleando una guerra cuyo resultado ya se había decidido.

Sin embargo, de alguna forma, la historia de Onoda no es un caso único, es nuestra historia también. Todos comenzamos la vida como miembros de una raza rebelde, peleando nuestra propia guerra personal contra el soberano Rey del universo. Para la mayoría, esa resistencia se desarrolla a lo largo de toda la vida en una historia que podría titularse *No me rindo*.

Algunas personas expresan su resistencia abiertamente, tal vez mediante un estilo de vida de lascivia y perversión desenfrenadas. Otras son más sutiles. Son ciudadanos y líderes comunitarios probos; a veces miembros activos de la iglesia. Pero en el fondo, todo ser humano tiene una determinación innata a conducir su propia vida y no está dispuesto a que Cristo, el Rey de reyes, sea su Amo.

La decisión de abandonar la pelea no es asunto pequeño, sobre todo después de años de resistencia. En el caso de Onoda, él se había acostumbrado a vivir como un guerrillero solitario, mudándose de un escondite en la selva a otro, evadiendo todo intento de ser subyugado. Para cuando tenía 52 años de edad, apenas conocía otra manera de vivir. Resistir, correr y esconderse se habían convertido en la *norma*, la manera de vivir que mejor conocía y con la que se sentía más cómodo. Para Onoda, la rendición significaba nada menos que alterar su estilo de vida radicalmente.

La rendición a Cristo como Salvador y Señor no es menos transformadora. Ya sea que ondeemos la bandera blanca a la edad de 8 años o de 88, esa rendición implica una transferencia de lealtad y una transformación de perspectiva que tienen que afectar todo aspecto de nuestra vida.

Asumo que la mayoría de los que están leyendo este libro han llegado a ese punto inicial de rendición que la Biblia identifica como nacer de nuevo: Usted ha puesto su fe en el sacrificio de Cristo por su pecado, le ha cedido el control de su vida y se ha convertido al reino (la dirección) de Dios. Mi esperanza es que usted comprenda cada vez más lo que significa poner en práctica diariamente las implicaciones de esa rendición.

Sin embargo, no me cabe la menor duda de que algunos de los que están leyendo estas palabras nunca han llegado a este punto. Tal vez usted haya hecho una profesión de fe; puede que durante mucho tiempo se haya considerado cristiano y otras personas asuman que usted es cristiano. Pero la verdad es que nunca ha nacido en la familia de Dios. Nunca ha ondeado la bandera blanca de rendición a Cristo. Nunca le ha cedido el derecho de conducir su propia vida.

Mi apelación a usted es que reconozca la necedad e inutilidad de seguir resistiendo, y que crea y obedezca el evangelio que dice que *Jesús es el Señor. La guerra ha terminado...* es hora de entregar su espada al Rey de reyes.

TODA UNA VIDA DE RENDICIÓN

Tal vez esté pensando: *Yo le entregué mi vida a Cristo hace años, no hay nada nuevo en ello.*

He aquí lo que para muchos es nuevo. Esa rendición inicial a Cristo (a la que a menudo nos referimos como el momento de entrega a Cristo) no era el final de la historia. En realidad, solo era el principio.

Ese punto de rendición sencillamente preparó el escenario para toda una vida de entrega. Después de haber rendido nuestra vida a Cristo como Salvador y Señor, ahora debemos aprender lo que significa poner en práctica una vida de rendición, decir continuamente *"no"* al yo y *"sí"* a Dios.

Muchos cristianos viven perpetuamente desalentados y derrotados porque nunca se han dado cuenta (y por tanto, no están poniendo en práctica) lo que implica su rendición inicial a Cristo. Después de haber cedido el control de sus vidas a Cristo, han revertido las cosas para tratar de manejar sus propias vidas. Como resultado de esto, no viven alineados con el Señor que los creó, los redimió y es su dueño.

Quizás el capítulo de su vida en este mismo momento se titule *Sin rendirse.* No necesariamente este describe toda su forma de vivir. Tal vez pueda señalar aspectos específicos en los que esté obedeciendo a Dios. Pero ¿es posible que haya algunos asuntos en los cuales se esté reservando el derecho de controlar su propia vida?

RAZONES PARA LA FALTA DE RENDICIÓN

En algunos puntos de su peregrinación, los que han profesado fe en Cristo pueden darse cuenta de que hay áreas particulares de su vida que aún no han entregado a Dios para su control. Las razones para que esto suceda pueden variar.

Por ejemplo, aunque es posible que de verdad hayan rendido toda su vida a Dios, hay todavía algunas áreas en las cuales las implicaciones de esta rendición no son tomadas en consideración. *¿Quieres decir que mi dinero le pertenece a Dios? ¿Mis hijos? ¿Mi cuerpo? ¿Mi tiempo? ¡Nunca se me habría ocurrido!* Ruego a Dios que le abra los ojos para que a medida que lea las páginas siguientes pueda ver, de una forma que tal vez jamás ha considerado, los resultados prácticos de una vida de entrega total.

En algunos casos, los creyentes saben lo que significa vivir bajo el control de Dios, pero temen lo que podría pasar si entregan alguna área en particular: *Si le entrego mi familia al Señor, ¿qué les sucederá? Si le entrego mis finanzas, ¿serán satisfechas mis necesidades?* Si siente temor de rendirse a la voluntad de Dios, quiero animarlo con sus promesas y ayudarlo a comprender que Él es digno de toda su confianza.

En un tercer caso, algunas personas afirman estar rendidas a Dios, y hasta puede que crean que lo están, pero (quizá subconscientemente) justifican y racionalizan ciertos hábitos, valores, actitudes o comportamientos que son contrarios a la Palabra de Dios. *¿Que hay de las cosas que veo en el cine y en la televisión? No creo que en realidad sean tan malas. De acuerdo, admito que sostengo una lucha crónica con el comer en exceso y con* *el control de mi genio, pero no soy más que un ser humano. Hasta que no lleguemos al cielo ninguno de nosotros será perfecto.*

Hasta cierto grado, todos nos hallamos a veces en esta condición "de engaño". Es muy fácil para nosotros perder la sensibilidad a las normas de Dios o creer que, comparados con las normas del mundo, estamos bien.

De hecho, el escribir este libro me ha obligado a encarar una serie de asuntos en mi propia vida que había estado pasando por alto, tolerando o excusando, y que en realidad en el fondo son "puntos de rendición".

Si usted afirma ser seguidor de Cristo pero a la vez niega ciertas áreas de su vida que no agradan a Dios, mi deseo es ayudarle a ver que no está viviendo una vida plenamente rendida, sin importar cuántas personas crean que usted es un "buen cristiano". (Aquí es preciso una palabra de cautela: Si después de un tiempo usted sigue engañado y no quiere o no puede reconocer la verdad, tal vez su *profesión* de fe no sea una creencia *verdadera*.)

Por último, algunos creyentes confesos viven en una rebeldía voluntaria contra el control de Dios en áreas específicas de su vida. *Yo sé lo que Dios quiere que haga, pero simplemente no voy a obedecer.* Si le sucede eso, usted se encuentra en una de dos condiciones peligrosas:

(1) En realidad no es cristiano. Se está engañando a sí mismo y a los demás acerca del verdadero estado de su alma, está viviendo bajo la ira de Dios y le espera un juicio eterno, a pesar de la profesión de fe que puede haber hecho (Mt. 7:21-23); o

(2) Es un hijo rebelde de Dios y puede esperar su amorosa corrección y disciplina hasta que se arrepienta

o hasta el momento en que Dios decida terminar con su vida (1 Co. 11:27-32; He. 12:6).

De cualquier forma, las consecuencias de persistir en una rebeldía voluntaria son graves. Vivir en una resistencia consciente contra Dios no es asunto trivial; en realidad, si eso caracteriza su estilo de vida, es probable que usted nunca haya nacido de nuevo verdaderamente. En el mejor de los casos, usted no tiene fundamento para afirmar ser hijo de Dios ni para tener seguridad de salvación.

La fe salvadora genuina siempre va acompañada de arrepentimiento y debe estar seguida de un crecimiento constante en obediencia a Dios (2 P. 1:4-8); eso no significa obediencia perfecta, obviamente, pero sí un deseo de pasar de la rebeldía a una mayor rendición y satisfacción en Dios.

Cualquiera que sea la razón de su falta de rendición (ya sea en asuntos aislados o como forma de vida), el hecho es que probablemente usted se ha conformado con ese estilo de vida durante tanto tiempo que no conoce ya otra manera de vivir. Tal vez hasta piense que eso es *normal*. Después de todo, tal vez su vida no sea tan diferente a la de muchas otras personas que conoce. De hecho, comparado con muchos otros cristianos confesos, usted puede parecer un gigante espiritual.

Sin embargo, independientemente de lo que parezca típico, *la vida plenamente rendida debe ser —y puede ser— la norma para cada uno de los hijos de Dios.*

EL ALTO PRECIO DE NO CEDER

¿Teme lo que le podría costar un estilo de vida de rendición plena? Entonces considere el costo de resistirse a Dios. Me vienen a la mente creyentes confesos que conozco y que han desperdiciado trágicamente lo que pudieron haber sido los años más productivos y fructíferos de sus vidas, de manera muy parecida a lo que hizo Hiroo Onoda. Se han satisfecho valiéndose por sí mismos y merodeando fuera de su tierra cuando podrían haberse deleitado en la mesa del banquete de Dios. Se conformaron con condiciones de guerra cuando podrían haber disfrutado las bendiciones de la paz.

Como sucedió en el caso de Onoda, las vidas de otras personas se afectan invariablemente con nuestra resistencia. He observado hombres y mujeres cuya negativa a rendirse ha dejado todo un rastro de relaciones rotas: Con padres, pareja, hijos, amigos, hermanos de la iglesia y otros.

Onoda puede haber temido las consecuencias que tendría que sufrir si se rendía, lo cual se comprende. ¿Acaso sería juzgado como criminal de guerra? ¿Lo sentenciarían a muerte? Imagínese el alivio de Onoda cuando finalmente entregó su espada y se rindió al presidente Marcos de las Filipinas, y el presidente de inmediato le otorgó un perdón pleno y completo.

La verdad es que la resistencia es mucho más costosa que la rendición. Rechazar la generosa provisión de salvación que Dios tiene para nosotros y no arrepentirse acatando su mandato significa castigo eterno por el pecado. Para los que somos seguidores de Cristo, toda resistencia a la voluntad de Dios nos impedirá disfrutar de una vida abundante y creará barreras en nuestra comunión con Él.

Pero nuestro Dios abunda en misericordia y gracia; está dispuesto a ofrecer un perdón pleno y completo a los que deponen las armas.

En la eternidad, sabiendo lo que no podemos ver ahora o lo que nos hemos rehusado a creer, toda resistencia de nuestra parte sería igual de necia y absurda a la actitud del soldado japonés que pasó tres décadas de su vida adulta escondido en una selva tropical, viviendo como un animal, peleando una guerra que había terminado hacía mucho tiempo.

Al considerar el significado de la rendición cristiana, ruego para que su corazón sea cautivado por una visión apremiante de Aquel que afirma tener el derecho de conducir el universo. Ojalá que usted experimente una percepción irresistible de los goces y las bendiciones que pueden ser suyos cuando abandone el control a este Dios que le ama y que tiene en su mano la misma vida de usted.

NOTAS

1. Gary Thomas, *Seeking The Face of God* [En busca del rostro de Dios] (Eugene, Oregon: Harvest House, 1999), 84.
2. "Old Soldiers Never Die" [Los viejos soldados nunca mueren], *Revista Newsweek*, 25 de marzo de 1974, 49, 52.
3. Hiroo Onoda, *No Surrender: My Thirty-Year War* [No me rindo: Mi guerra de treinta años] (Nueva York: Kodansha International Ltd., 1974), 14–15.

CAPÍTULO 1

LA BATALLA POR EL CONTROL

REINOS EN GUERRA

Rendición no es la rendición
de la vida externa,
sino de la voluntad;
cuando eso se hace se ha hecho todo.
Hay muy pocas crisis en la vida;
la gran crisis es la rendición
de la voluntad.

OSWALD CHAMBERS[1]

Minerva, una estudiante de último año en una universidad cristiana, no puede creer que anoche haya terminado en la cama con su novio otra vez, después de prometerse a sí misma que no cedería, y luego de orar por el asunto la semana pasada con su compañera de oraciones. Minerva y Gerardo están planeando casarse después de la graduación y esperaban servir como misioneros a corto plazo antes de tener hijos, pero ahora... la idea parece hipócrita.

Ángela se sube a la balanza, suspira, y se dirige a la cocina, allí abre el refrigerador, toma una bolsa de zanahorias, pero luego alcanza un pedazo de pastel de zanahoria que parece estar llamándola por su nombre. Justo entonces suena el teléfono, su hermana la está llamando para ofrecerle llevarla a su clase bíblica semanal mañana en la mañana.

Algo en su interior le dice a Daniel que en realidad no debería ir a "almuerzos de negocios" con su atractiva y joven asistente, sobre todo desde que sus conversaciones más recientes han tocado menos temas de negocios y más sobre los problemas del matrimonio de ella. Daniel se siente nervioso porque algún miembro de la iglesia en la que es un diácono respetado, pueda verlo con Estela, pero una fuerza invisible lo atrae a pasar más tiempo con ella.

Tanto Támara como Rodrigo desean que ella pueda dejar su trabajo para quedarse en la casa cuando nazca su primer hijo el mes próximo, pero no ven cómo puedan salir adelante económicamente. Su pastor hace poco predicó un mensaje de Mateo 6 en el cual se nos dice que hay que confiar en que Dios proveerá para las necesidades básicas. Sin embargo, tienen miedo de dar el paso, y los padres de él han dicho que sería una locura que ella dejara su trabajo.

Reinaldo todavía echa humo mientras conduce a 130 kilómetros por hora por la autopista. Sabe que no debió haber perdido la paciencia con Carla, sobre todo porque su hijo de tres años estaba presente mirando toda la escena, pero no puede creer que ella haya sobregirado la cuenta corriente otra vez. ¿Por qué no puede su esposa ejercer cierto dominio propio cuando se trata de gastar? Reinaldo se asusta cuando piensa en lo que podría hacer un día cuando sufra uno de sus ataques de rabia. Desde hace un tiempo, su ira ha empezado a manifestarse delante de los estudiantes de la escuela cristiana donde es entrenador de fútbol.

Corina está preocupada por las actitudes y el lenguaje que sus hijos, quienes cursan preescolar y segundo grado, han aprendido de otros niños. Quiere que sus hijos tengan un corazón dedicado a Dios y está realmente convencida que debe dedicarse a darles instrucción en casa pero el estar atada a ellos durante todo el día todos los días es un pensamiento imposible de manejar.

LA VERDADERA GUERRA

Estos hombres y mujeres no están solos en su lucha. Todos los días, de una u otra forma, grande o pequeña, incluso como creyentes, usted y yo nos encontramos librando una batalla (Gá. 5:17).

La batalla es real y peligrosa. Somos como un soldado en una trinchera individual a quien le pasan las balas zumbando por la cabeza, pero nuestra batalla en realidad forma parte de una guerra mayor que se ha estado peleando desde la creación del mundo.

De hecho, uno de los temas más importantes que de manera repetida surge en las Escrituras es que nuestras batallas aquí en la tierra son simplemente un reflejo de una guerra cósmica que se pelea entre el reino de Dios y todos los demás reinos. Eso es así, ya sea que hablemos de niños que riñen en el patio de recreo, de padres y adolescentes que libran una batalla, de cónyuges enemistados en un tribunal de divorcio, de deseos en conflicto dentro de nuestro corazón, de luchas por el poder en la iglesia o de naciones en guerra.

Esta guerra mayor —la "verdadera guerra"— comienza en las páginas de apertura de la Palabra de Dios y continúa sin cesar, cobrando intensidad, casi hasta la última página, esencialmente es una batalla por el control.

En el primer acto registrado en el tiempo y el espacio, Dios ejerció control. Habló con autoridad y poder... trayendo luz, vida y orden a la oscuridad y el caos del universo. Cuando dijo: "Que exista la luz", la luz llegó a existir. Cuando dijo: "Que haya vegetación sobre la tierra, y que esta produzca... árboles que den su fruto con semilla", los árboles dieron fruto (Gn. 1: 3, 11). Toda la creación, inclusive el primer hombre y la primera mujer al principio, vivieron en una rendición feliz y sincera al soberano control y a la voluntad del Creador.

Esta rendición no despojó a la creación de dignidad ni libertad; al contrario, la rendición fue, y todavía es, la fuente y el medio de la verdadera libertad y plenitud. El Dios Creador soberano gobernó su creación con tierno amor, invitando a sus criaturas a participar con Él en una especie de danza

31

divina, en la cual Él guiaba y ellos le seguían. Ellos respondían a su iniciativa con confianza, amor y rendición. A su vez, sus necesidades eran satisfechas abundantemente, ellos cumplían el propósito para el que fueron creados, y existían en armonía con Dios y el uno con el otro.

El Salmo 104 describe este estado original e ideal. En ese pasaje vemos una jerarquía definida e incuestionable en la cual Dios —el generoso Soberano— actúa, inicia, dirige, pone fronteras, supervisa y gobierna con amor su creación. La creación lo mira, lo espera, se inclina ante Él, se rinde a su control, y simplemente hace lo que Él le dice que haga.

Los mares se quedan dentro de las fronteras que Él ha establecido para ellos, la hierba y los árboles crecen conforme a la dirección de Dios y proporcionan alimento al hombre y a los animales, también rendidos a la voluntad de Dios. El sol y la luna mantienen sus tiempos señalados; los animales se levantan cuando Dios les dice que se levanten y se acuestan cuando Dios los dirige a acostarse.

¿Cuál es el resultado? "La tierra se sacia" (v. 13); "...y se colman de bienes" (v. 28). ¿Entiende lo que esto significa? Rendirse al control del Creador no es pesado ni opresivo. De hecho, es el lugar de bendición, plenitud y paz. En este pasaje no hay evidencia alguna de tensión, lucha ni fatiga. ¿Por qué? Porque la creación no está rivalizando con el Creador por el control.

Recuerde la imagen, es lo que la antigua canción evangélica describe como "perfecta sumisión, perfecto deleite".[2]

COMIENZA LA BATALLA

Vayamos otra vez al relato del Génesis. La primera señal en esta escena perfecta vino cuando uno de los seres creados por

Dios, quien era él mismo un rebelde, se acercó a la feliz pareja y desafió el orden creado de Dios. Hasta ese momento nunca había habido cuestionamiento alguno en cuanto a quién estaba a cargo y quién seguía las indicaciones. Entonces se hizo la sugerencia de que el hombre y la mujer podían estar a cargo de sus propias vidas, que no tenían que aceptar instrucciones de nadie más. *No tienen que vivir una vida de entrega, pueden tener el control*, dio a entender el tentador.

De manera que el hombre y la mujer —seres creados— trataron de arrebatar el control de las manos de su Creador soberano. Un control que no les pertenecía. Resistieron la voluntad de Dios e insistieron en compartir su trono. La batalla había comenzado.

Desde ese momento hasta ahora, el hombre ha estado involucrado en una batalla por el control con su Creador. Podríamos llamarla un duelo de voluntades.

Misericordiosamente, estamos tratando con un Creador que no solo es soberano, sino también compasivo. Dios sabía que si tratábamos de dirigir nuestra vida cosecharíamos desgracia y conflicto, y que nuestro impulso por tener el control nos dejaría irremediablemente esclavizados y a la larga nos destruiría. Él sabía que la única esperanza para el hombre vendría por medio de la rendición.

Desde esa primera escaramuza, Dios puso en acción un plan ideado en la eternidad pasada para restaurar al hombre y llevarlo de nuevo al lugar de rendición a su control. Puesto que poseía poder absoluto, Dios hubiese podido optar por intimidar a sus criaturas rebeldes para que se sometieran. Sin embargo, como desea una relación personal de amor con hombres y mujeres, creados a su semejanza, ha optado primero por buscarlos y ganarse los corazones de sus criaturas. Él quiere que ellos se rindan voluntariamente.

Sabemos que un día "se [doblará] toda rodilla" y "toda lengua... [confesará] que Jesucristo es el Señor" (Fil. 2:10-11, LBLA). Los que rechacen sus proposiciones de amor y gracia lo harán bajo coacción. Pero los que lo amen y confíen en Él encontrarán un gozo máximo y eterno en esa rendición hecha con alegría.

EL REY Y SU REINO

El solo hecho de pensar en que Dios está determinado a ejercer control sobre su creación plantea una pregunta obvia. Si usted o yo intentásemos poner a todo el planeta bajo nuestro control, seríamos justamente calificados como "obsesivos con el control". Entonces, ¿por qué es aceptable que Dios insista en la "dominación del mundo"? ¿Por qué se considera egoísta y rebelde el que nosotros deseemos el control, pero absolutamente apropiado para Dios hacer valer su control? La respuesta es sencilla:

Él es Dios... y nosotros no.

En esa realidad profunda, inalterable y eterna descansa la clave para entender y lidiar con esta guerra cósmica, así como para manejar nuestras luchas personales diarias por obtener el control.

Nadie consideraría irracional que una madre insistiera en tener el control de su vehículo mientras sus cuatro hijos están sentados dentro con los cinturones abrochados. Esto es porque ella sabe lo que está haciendo. Ella sabe manejar y sus hijos no. Es la única en el vehículo capaz de mantener la seguridad de todo el mundo. El hecho de que no comparta la conducción del vehículo con sus niños preescolares no la hace una persona obsesiva por el control.

De la misma forma, Dios ejerce su control soberano sobre el universo porque Él es el único capaz de conducirlo.

Inherente a su ser hay una soberanía absoluta: El derecho a gobernar. Él es el Creador; nosotros, sus criaturas. Él es eterno; nosotros, finitos. Él es Todopoderoso; nosotros no tenemos poder propio. Él es autónomo, independiente y tiene existencia propia; no necesita nada ni a nadie. Nosotros dependemos de Él para respirar (Hch. 17:24-25).

El Dios revelado en las Escrituras es Rey, no un rey al mismo nivel de otros reyes, cada uno con su propia esfera de control, sino el Rey de todos los reyes. Este Rey tiene un reino. Ese reino —la esfera sobre la cual tiene jurisdicción legal— incluye todas las moléculas del planeta en que vivimos; incluye las más remotas expansiones de nuestra galaxia y de todas las galaxias; incluye aquellas regiones habitadas por las huestes angelicales (tanto caídas como santas).

En su comentario sobre el Evangelio de Lucas, G. Campbell Morgan, expositor bíblico del siglo XX, sugiere que el reino de Dios en realidad significa la *majestad* de Dios.

Quiere decir que Dios es Rey ahora y siempre. El reino de Dios existe. Dios nunca ha sido destronado; y eso es lo que Jesús predicó... Él proclamaba la majestad de Dios, el gobierno de Dios, el hecho de que el Señor reina...

Lo que esta era necesita es la proclamación de la soberanía de Dios, la majestad de Dios, el reino de Dios... Cuando un hombre se entrega a esa soberanía, nadie puede tiranizarlo.[3]

El concepto de un Rey soberano que ejerce control absoluto sobre sus súbditos es un concepto que nuestras mentes igualitarias y occidentales encuentran difícil de aceptar. Queremos tener voz en el asunto, votar por el líder de nuestra elección. No queremos inclinarnos ante un monarca todopoderoso. Por el contrario, lo que en realidad queremos es ser el rey, o al menos tener una forma de gobierno representativa.

Aceptemos o no, el gobierno soberano de Dios y el señorío de Jesucristo son una realidad no negociable tan determinante y valedera como la ley de la gravedad... y más todavía. Es una verdad irrefutable con la cual todo ser humano debe reconciliarse, tarde o temprano. Y como sugiere Morgan, los que se resisten al señorío soberano de Dios se colocan en la posición de ser tiranizados por otros amos.

LA CRISIS DE UNA MUJER POR TENER EL CONTROL

"Linda", con cuarenta y tantos años y madre de cuatro hijos, aprendió a las malas, que no rendirse a la voluntad perfecta de Dios es someterse al control de tiranos. Recibí una carta de Linda en la cual contaba su historia. Ha estado casada durante 25 años con un hombre que ella llama "santo". Sin embargo, Linda creció en un hogar con un padre alcohólico que ejercía un control exagerado tanto sobre ella como sobre su pasiva madre.

Cuando llegó a la edad adulta, Linda decidió que nunca se sometería a otro ser humano. Ella recuerda: "Cuando llegó el momento de pronunciar nuestros votos matrimoniales, para mí fue muy difícil decir 'amar y obedecer'. ¿Amar? ¡Claro! ¡Por supuesto! ¿Obedecer? No me parece".

Mirando hacia atrás, Linda recapacita en su fuerte deseo de tener el control y como esto creó numerosos problemas desde el comienzo de su matrimonio, llevándole a tomar decisiones que a la larga la condujeron a una vida desenfrenada. Ella admite que comenzó a fijarse en otros hombres.

...para que me hicieran sentir que yo tenía de nuevo

el control, y para demostrarle a mi esposo que yo —nadie más— estaba a cargo de mi vida. Poco me daba cuenta de que había perdido el control en muchos aspectos, incluso mi vida sexual, además de que tenía un problema de abuso de alcohol. Nunca estuve a cargo de mi vida ni de mi cuerpo.

Rehusaba someterme a mi esposo, pero me sometía a otros hombres, manteniendo relaciones en las que no había amor. No era yo quien tenía el control de mi cuerpo y de mi vida, eran otros hombres. "Ve a verme allí, Linda". "De acuerdo". "Tú manejas hoy, Linda". "De acuerdo". "Tú nos registras en el motel". "De acuerdo". "Ponte esto, haz aquello, llámame…" "De acuerdo. De acuerdo. De acuerdo".

La experiencia de Linda ilustra de forma viva el hecho de que mientras nos neguemos a rendir nuestra voluntad a la de Dios, nunca seremos verdaderamente libres. Más bien, estaremos dominados por apetitos y fuerzas impías. Cuando desechamos las restricciones de nuestro sabio y amoroso Dios, nos volvemos esclavos de amos terribles que están empeñados en nuestra destrucción. Eso es exactamente lo que les sucedió a los israelitas del Antiguo Testamento:

> *Pues no serviste al Señor tu Dios con gozo y alegría cuando tenías de todo en abundancia. Por eso sufrirás hambre y sed, desnudez y pobreza extrema, y serás esclavo de los enemigos que el Señor enviará contra ti. Ellos te pondrán un yugo de hierro sobre el cuello, y te destruirán por completo.*
> —Deuteronomio 28:47-48.

¿No quiere rendirse al control de Dios? ¿No quiere doblegarse a su voluntad en relación con su matrimonio, su moral, sus actitudes, su lengua, sus hábitos de comida, sus gastos o la manera en que emplea el tiempo? Entonces tenga la seguridad de que los mismos puntos sobre los cuales usted rehúsa rendirse se convertirán en los "enemigos" que le gobernarán: La lascivia, la codicia, las posesiones, la comida, la pereza, la inmoralidad, la ira y otros por el estilo.

Después de casi veinte años de confusión en todas las áreas de la vida de Linda, el Señor tomó cartas en el asunto haciendo que su esposo descubriera su infidelidad. En una increíble exhibición de lo que son el corazón y los caminos de Dios, su esposo, no solo fue misericordioso con ella, sino que tierna y firmemente puso en práctica el liderazgo sabio y amoroso que Linda necesitaba para volver a poner su vida en orden.

Linda casi no sabía cómo responder a tal gracia. Pero en esa crisis de rendición —dice ella—, "me arrepentí. Sabía que tenía que someterme completamente a Dios y a mi esposo… en ese orden".

Aunque ella siempre había temido lo que sucedería si cedía el control de su vida, Linda comenzó a experimentar bendiciones que jamás había conocido durante todos aquellos años en los cuales trató de mantener las riendas.

Se me quitó un *gran* peso de encima. Ya no quería tener el control. Mi andar no siempre ha sido fácil, pero ha sido maravilloso y transformador. Tuve que "renunciar" a mucha gente en mi vida. Pero tengo a Dios y a mi familia. Tengo una hermosa paz mental y serenidad. Y ando con la cabeza en alto todos los días porque sé que he sido perdonada. Nunca seré la misma persona otra vez. Nunca.

La perspectiva completa de Linda sobre este asunto del control ha cambiado. Hoy día dice a los demás: "Aunque usted sea obstinado y crea que no está sometido, siempre habrá alguien o algo que lo someta, y esto es sumamente peligroso. Incluso puede constituir una amenaza contra su propia vida".

Rendir su voluntad al control de Cristo en relación con su matrimonio produjo en la vida de Linda un cambio extraordinario. Su antiguo lema: "Yo estoy a cargo de mi vida" fue reemplazado por: "Venga tu reino; hágase tu voluntad".

✱ ¿Cuál es el terreno en el cual usted libra una batalla por mantener el control? Tal vez sea en relación con su matrimonio. Puede que usted esté decidido a cambiar a su cónyuge, rehusando aceptarle como la elección de Dios para su vida, o resistiendo las responsabilidades que Dios le ha dado en esa relación.

✱ Su batalla por mantener el control podría estar en otra relación, quizá con uno de sus padres, un hijo, un empleador, un pastor o un amigo.

✱ Tal vez usted se resista a otorgar a Dios el derecho que tiene de controlar su cuerpo -—su manera de comer, dormir, hacer ejercicio o sus hábitos morales— o su lengua, su tiempo, sus planes futuros o sus finanzas.

Ya sea en nuestras relaciones, disciplinas personales, decisiones diarias o patrones de hábitos reiterativos, nuestra decisión de resistir o rendirnos voluntariamente al control del Rey tiene implicaciones de largo alcance.

✱ Cuando jugamos a ser el "rey", cuando insistimos en establecer nuestro propio reino y sostener nuestro derecho a gobernar, nos colocamos inevitablemente en guerra con el Dios soberano del universo, una batalla, permítame decirle, en la que no tenemos posibilidad alguna de ganar. Invariablemente terminaremos siendo gobernados por tiranos.

✱ Sin embargo, solo cuando nos inclinamos ante su majestad, cuando reconocemos su reino como algo supremo, cuando nos rendimos a su sabio y amoroso control, podemos vivir en paz con el Rey. Solo entonces seremos libres de todas las demás tiranías.

PÓNGALO EN PRÁCTICA EN SU VIDA PERSONAL

- Dé un ejemplo de una batalla por mantener el control que esté librando en su vida.
- ¿Cuál área de su vida ha terminado gobernándole como "tirano" debido a su falta de rendición?

NOTAS

1. Oswald Chambers, *My Utmost for His Highest*, 13 de septiembre. [En castellano esta obra está publicada bajo el título *En pos de lo supremo* por Editorial Clie.]
2. Fanny J. Crosby, himno "Blessed Assurance". [Este himno se conoce en español con el título "En Jesucristo".]
3. G. Campbell Morgan, *The God Who Cares* [El Dios que se preocupa] (Old Tappan, N.J.: Revell, 1987), 153, 172.

LOS TÉRMINOS DE LA RENDICIÓN CRISTIANA

INCONDICIONAL Y PARA TODA LA VIDA

He estado delante de Dios,
Y le he entregado,
Todo lo que soy, todo lo que tengo,
A Dios; para que no sea yo,
En ningún aspecto, mío propio.
Me he entregado sin reserva,
Y no he retenido
Nada como propio.

JONATHAN EDWARDS[1]

La casa de Wilmer y Virginia McLean en el pueblo de Appomattox Court House, en Virginia, fue el lugar donde se celebró una histórica reunión que dio como resultado el final del conflicto más sangriento en la historia de los Estados Unidos. El 9 de abril de 1865, después de cuatro años de hostilidades que cobraron unas 630.000 vidas y causaron más de un millón de heridos, el General Robert E. Lee firmó un acuerdo rindiendo el Ejército Confederado de Virginia del Norte al General Ulysses S. Grant.

Ese momento decisivo en la Guerra Civil fue la culminación de una intensa serie de intercambios entre los dos comandantes. Seis días antes, Richmond había caído ante las tropas de la Unión. La batalla continuó mientras Lee conducía su ejército a una retirada, perseguido por Grant y sus hombres. El 7 de abril, Grant envió un mensaje a Lee en el cual le sugería que la resistencia del Ejército Confederado era un caso perdido, y le solicitaba que rindiera las tropas bajo su mando para evitar más derramamiento de sangre.

Aunque Lee no admitió que su situación era irremediable, respondió el mismo día pidiendo a Grant que le especificara las condiciones de una posible rendición.

En su respuesta, la cual envió temprano a la mañana siguiente, Grant expuso claramente los términos de la rendición:

Siendo la paz mi mayor deseo, solo hay una condición en la que yo insistiría: A saber, que los hombres y oficiales rendidos sean descalificados para que no puedan tomar armas contra el gobierno de los Estados Unidos.

Grant ofreció reunirse con Lee en cualquier lugar que este quisiera con el propósito de trabajar en los detalles de la rendición.

Lee respondió más tarde ese mismo día diciendo que deseaba reunirse con Grant a las 10 en punto de la mañana siguiente para hablar de cómo lograr la "restauración de la paz", pero que no tenía intenciones de rendirse.

La respuesta de Grant, dada temprano a la mañana siguiente, el 9 de abril, dejó claramente establecido que no tenía sentido reunirse si Lee no estaba dispuesto a rendirse. Grant apeló al comandante del Sur para que aceptara sus condiciones:

Los términos bajo los cuales se puede lograr la paz están bien entendidos. Si el Sur depone las armas apresuraría ese tan deseado acontecimiento, salvaría miles de vidas humanas así como propiedades avaluadas en cientos de millones aún no destruidas.

Al cabo de unas horas, un mensajero alcanzó a Grant en el camino a *Appomattox Court House* con la respuesta de Lee. La ineludible realidad era que el ejército de Lee estaba rodeado, y sus hombres estaban débiles y exhaustos. Su ejército tenía una gran necesidad de alimentos y provisiones básicas tanto para los hombres como para los animales. A Lee no le quedaba otra opción más que la de aceptar ir a la reunión con el propósito de rendirse.

La decisión de Lee de aceptar los términos de rendición de

Grant aquella tarde dio como resultado la conclusión de la Guerra Civil [de los Estados Unidos], deponiendo así sus armas el Ejército de Virginia del Norte, comandado por Lee, y seguido durante los siguientes meses de una rendición del resto de los ejércitos confederados.

Claro, todavía quedaba por delante el arduo y largo proceso de reconstruir la Unión dividida. No obstante, en ese momento decisivo, una vez se aceptaron los términos de la rendición, el curso de la guerra y de la Unión cambió, y se aseguró el resultado final.

PAZ POR MEDIO DE LA RENDICIÓN

La rendición de Lee allanó el camino para que la paz fuera restaurada en una nación dividida por la guerra. En la esfera espiritual, no puede haber paz con Dios ni paz en nuestro corazón sin una rendición incondicional. El rehusar rendirnos solo multiplica nuestras pérdidas. Una rendición retrasada únicamente prolonga el conflicto.

Según las Escrituras, desde el momento en que fuimos concebidos estábamos en guerra con Dios (Sal. 51:5). Teníamos metas, deseos, filosofías, estrategias y lealtades conflictivas. Nuestra voluntad era opuesta a su voluntad. Estábamos decididos a seguir nuestro propio camino independiente y como resultado, nos enemistamos con el Dios soberano del universo.

Incluso cuando el Espíritu abrió nuestros ojos para que reconociéramos nuestra condición rebelde, aún buscábamos una manera de lograr la paz sin rendirnos. No queríamos seguir sufriendo las desagradables consecuencias de nuestra resistencia, pero tampoco queríamos deponer nuestras armas.

Entonces nuestro corazón recibió el mensaje de Dios: *No*

puede haber paz hasta que no estés dispuesto a aceptar mis términos: Rendición incondicional.

Al darnos cuenta de que la rendición era nuestra mejor, y en última instancia la única opción, por fin decidimos aceptar sus términos. Ondeamos la bandera blanca; reconocemos a Cristo como Señor; entregamos nuestra vida a Aquel que dio su vida por nosotros en la cruz, Aquel que exige y merece nuestra más sincera lealtad.

El traspaso del poder no fue puramente un acto externo, como fue el caso de Appomattox. Mediante una obra interna del Espíritu y la gracia de Dios, nuestro corazón obstinado y rebelde fue conquistado. Y recibimos un nuevo corazón: Un corazón para amar a Dios y obedecer y seguir a Cristo como nuestro Capitán y Señor soberano.

Eso es lo que la Biblia llama *nacer de nuevo, ser regenerado.* Es a lo que los teólogos se refieren como *conversión*, lo que mucha gente llama *el momento de entrega a Cristo.* En ese momento decisivo, aunque tal vez no comprenda plenamente todo lo que está ocurriendo, el rebelde se arrepiente de su anarquía contra el Rey. El pecador se rinde al señorío de amor de su Creador soberano y Salvador.

El acto de rendición no nos salva en lo absoluto. Es la obra de Cristo en la cruz, su sacrificio por el pecado, nuestro único medio de perdón y salvación. Pero su muerte es la provisión que nos libera del pecado y nos capacita, sí, nos apremia, a rendirnos totalmente a Dios.

La persona que nunca ha admitido que Cristo tiene derecho a gobernarle no tiene una base que garantice su salvación. Puede que afirme ser cristiano; puede haber profesado su fe en la iglesia o dicho la oración del pecador. Quizá sepa hablar "en cristiano". Tal vez esté muy involucrado en actividades cristianas. Sin embargo, si piensa que puede tener una relación con Dios reteniendo el control de su vida y de alguna forma tratando de encajar a Jesús con todo lo demás, se engaña a sí misma y todavía está en guerra con Dios.

Lamentablemente, durante los últimos 150 años o más, el cristianismo evangélico ha elaborado una teología que ofrece seguridad de salvación a casi todo el que dice una oración o "decide seguir a Cristo", aunque esa persona esté todavía aferrada a sus derechos, agarrada de su pecado e inclinada a conducir su propia vida. Las Escrituras no reconocen esa profesión como genuina.

Jesús advirtió: "No todo el que me dice: 'Señor, Señor', entrará en el reino de los cielos, sino sólo el que *hace la voluntad de mi Padre* que está en el cielo" (Mt. 7:21, cursivas añadidas). La rendición a la voluntad de Dios es una marca del que verdaderamente se ha convertido.

Los términos de nuestra rendición al Señor Jesús no son negociables y son incondicionales. ¿Qué nos pide Él que rindamos? En una palabra: *Todo*. La rendición cristiana significa que vamos a Él bajo sus términos, como General conquistador que es de nuestra alma, y simplemente decimos: "Lo rindo todo". Deponemos nuestras armas, entregamos todo lo que tenemos, todo lo que somos, todo lo que esperamos ser.

A diferencia de la rendición de Lee en Appomattox, nuestra rendición a Cristo no implica la sensación de pérdida genuina. Al contrario, la rendición cristiana nos trae lo que ahora vemos que es belleza, vida, gozo y verdadero bien. Recibimos ojos para ver la gloria de Cristo que antes despreciábamos (2 Co. 4:4-6), y al rendirnos a Él, finalmente vemos que el "incomparable valor" de Cristo sobrepasa todo lo que el mundo pudo habernos dado jamás (Fil. 3:8, LBLA).

EL FUNDAMENTO DE UNA VIDA DE RENDICIÓN

Como todo creyente pronto descubre, ese punto inicial de rendición al Señor Jesús no es el capítulo final, como tampoco la firma de Robert E. Lee sobre un pedazo de papel el 9 de abril de 1865 resolvió todos los asuntos de importancia entre la Unión y la Confederación.

Tal como lo hemos indicado, ese punto crucial debe ir seguido de un proceso continuo que haga realidad nuestra rendición de manera práctica cada día. Sin embargo, ese estilo de vida diario nace de una rendición fundamental e incondicional a Jesús como Señor para toda la vida.

Yo he visto esto en mi propia vida.

Mi primer recuerdo consciente es de rodillas junto a mi cama el 14 de mayo de 1963, cuando era una niña de cuatro años, confiando en Cristo como Salvador. No recuerdo las palabras de mi oración de ese día. Estoy segura de que no reflejaban alguna comprensión teológica profunda. Pero había sido criada en un ambiente en el que estaba presente la Palabra de Dios, ambiente que el Espíritu de Dios había usado para mostrarme mi condición pecaminosa y llevar mi corazón a Cristo, quien era mi única esperanza.

Durante los primeros años que siguieron a mi conversión, adquirí una conciencia cada vez mayor e ineludible de que mi vida pertenecía a Dios y a la edad de siete u ocho años, ya era consciente de haberme rendido a Jesús como Señor de mi vida de una manera voluntaria, incondicional y para toda la vida. Esa rendición fue el fruto de las semillas de arrepentimiento y fe que Dios había sembrado en mi corazón cuando nací de nuevo.

A esa temprana edad, comprendía poco las implicaciones de una rendición plena. No tenía ni idea de lo que Dios me pediría más adelante. Lo que sí sabía era que Jesús es Señor, que mi vida le pertenecía y que rendirme completamente a Aquel que poseía una sabiduría, amor y poder infinitos era el único curso que tenía sentido. De todo corazón sabía que quería seguir a Cristo, *sea lo que fuere que eso significara, sea lo que fuere que requiriera y sin importarme a dónde me llevara.*

A medida que mi fe ha madurado, he tenido que enfrentar muchas situaciones que han exigido una renovada afirmación y expresión de esa rendición inicial a la voluntad de Dios. La mayoría de las veces ha sido simplemente decisiones diarias para obedecer la Palabra de Dios y las incitaciones de su Espíritu...

- Contrólate la lengua, no trates de probar tu punto.
- Ya has comido suficiente: ¡Para!
- Asume lo mejor acerca de esa persona, no des un informe negativo.
- Abre tu casa a esa pareja que necesita un lugar para hospedarse.
- Pasa tiempo leyendo la Palabra y orando antes de empezar los asuntos de tu día.
- Busca el perdón de esa persona a quien trataste descortésmente.
- Haz una contribución monetaria al joven que va a hacer un viaje misionero.

De vez en cuando, el camino de la obediencia ha requerido una rendición más costosa:

- Perdona a esa persona que difamó tu reputación.
- Acércate a esa persona que tiene un resentimiento contra ti y busca la reconciliación.
- Dona una gran porción de tu biblioteca personal a un

pastor del tercer mundo que tiene pocos libros.

- Sacrifica la seguridad y bendiciones de un hogar para viajar en un ministerio itinerante de tiempo completo.
- Cede el derecho a casarte y tener tus propios hijos.

En el término de 40 años esos puntos de rendición, grandes o pequeños, han ido simplificándose bastante gracias a esa rendición inicial al señorío de Cristo ocurrida cuando yo era niña.

En la esfera natural, al que hace dieta y ha hecho el firme compromiso de no comer postres le resulta más fácil decir: "No, gracias", cuando la tentadora bandeja de los postres pasa por su lado, que a la persona frustrada por tener sobrepeso pero que aún no ha determinado su curso de acción.

De manera muy similar, una vez se ha hecho la rendición para toda la vida, muchas de nuestras batallas serán menos difíciles de pelear, porque el resultado —Jesús es Señor— ya ha sido establecido. Ese reconocimiento fundamental de su derecho soberano a reinar y gobernar sobre nosotros nos hará un buen servicio cuando nuestra lealtad al Rey sea probada a diario.

LA FIRMA DE NUESTRA RENDICIÓN

Uno de los retos de la rendición completa a Cristo es que no sabemos lo que nos espera. Algunos, sin duda, estaríamos más inclinados a rendirnos si Dios nos entregara un contrato con todos los detalles. Nos gustaría saber qué esperar: "¿Qué me va a costar esto? ¿Adónde espera Dios que vaya? ¿Qué me pedirá que haga?" Queremos leer toda la letra menuda para pensarlo y luego decidir si firmamos o no.

Pero Dios no hace así las cosas. Más bien dice: "Aquí tienes un pedazo de papel en blanco. Quiero que firmes en la línea de abajo, me lo entregues de nuevo y me dejes rellenarlo con los detalles. ¿Por qué? Porque yo soy Dios; porque te he comprado; porque soy digno de confianza; porque tú sabes cuánto te amo; porque vives para mi gloria y no para tu propio placer independiente y egocéntrico".

Firmar ese papel en blanco es arriesgado… *si* Dios muere, o *si* alguna vez se cae de su trono, o *si* en realidad no es digno de confianza. Pero la realidad es que nada tenemos que perder si firmamos ese contrato en blanco. Puede que perdamos algunas cosas que el mundo considera valiosas o esenciales. Pero en el esquema eterno de las cosas, no podemos perder, porque Él es un Dios en quien se puede confiar completamente. Si le dejamos, Dios insertará los detalles de nuestra vida con su incomparable sabiduría y plan soberano, escritos en la tinta indeleble de su pacto de fidelidad y amor.

LOS QUE FIRMARON EL CONTRATO

Parte del lenguaje más conmovedor de las páginas escritas de la historia de la Iglesia ha salido de las plumas y los corazones de hombres y mujeres que expresan su deseo de rendirse a Dios sin reservas.

Por ejemplo, en 1753, Juan Wesley, hombre usado por Dios en el Primer Gran Despertar, publicó una "Oración de pacto" basada en un texto puritano escrito casi 100 años antes:

> *Ya no me pertenezco, sino que tuyo soy.*
> *Ponme a tu voluntad, y con quien Tú quieras.*
> *Ponme a hacer, ponme a sufrir.*
> *Déjame ser empleado por ti o echado a un lado por ti,*
> *Exaltado por ti o abatido por ti.*

Ya sea que me llenes, o que me dejes vacío.
Que tenga yo todo, o que no tenga nada.
Libre y sinceramente cedo todo a tu placer
Y disposición.
Y ahora, oh Dios glorioso y bendito,
Padre, Hijo y Espíritu Santo,
Tú eres mío y yo, tuyo. Que así sea.
Y que el pacto que he hecho en la tierra,
Sea ratificado en los cielos. Amén.[2]

El misionero francés Charles de Foucauld (1858–1916) expresó los sentimientos de su corazón de esta manera:

Padre, me abandono en tus manos; haz conmigo lo que quieras. Hagas lo que hagas, te doy gracias: Estoy listo para todo, lo acepto todo. Solo que tu voluntad se haga en mí, y en todas tus criaturas. No deseo más, oh Señor.

Betty Scott se crió en la China, donde sus padres eran misioneros. Regresó a los Estados Unidos a la edad de 17 años para realizar su último año de escuela secundaria seguido de la universidad y el instituto bíblico. Durante esos años, Betty escribió una oración que se ha convertido en la petición de muchos otros creyentes que anhelan vivir una vida de rendición incondicional a Jesús como Señor:

Señor, te doy todos mis planes y propósitos, todos mis deseos, esperanzas y ambiciones, y acepto tu voluntad para mi vida. Entrego mi ser, mi vida, mi todo, completamente a ti, para ser tuya por siempre. Entrego a tu cuidado todas mis amistades; todas las personas a quienes amo han de ocupar un segundo lugar en mi corazón. Lléname ahora y séllame con tu Espíritu. Obra toda tu voluntad en mi vida a cualquier costo, porque para mí el vivir es Cristo. Amén.

Después de terminar sus estudios, Betty regresó a la China para prestar sus servicios en la Misión para la China Interior. Dos años después, en octubre de 1933, se casó con John Stam, quien también trabajaba para la misma misión. En diciembre de 1934, solo unas semanas después del nacimiento de su niña, John y Betty fueron tomados como rehenes por los soldados comunistas hostiles, y a los pocos días fueron decapitados. Betty tenía 28 años de edad.

Cuando ella escribió: "Obra toda tu voluntad en mi vida a cualquier costo", no podía saber lo que le costaría la rendición plena. Aunque algunos considerarán que el costo fue exorbitante, tengo la certeza de que Betty, habiendo puesto su vida a disposición de Cristo, no hubiese pensado que el precio era demasiado alto.

SUYO PARA SIEMPRE

Catorce años después de la muerte de John y Betty Stam, otra joven pareja intercambió votos matrimoniales en una pequeña ciudad de Oklahoma. Aunque estaban profundamente enamorados, en ese momento su foco de atención era distinto al de los Stams. Bill mismo admitió que en su juventud estaba motivado por metas egoístas y búsquedas materialistas. Cuando se comprometieron, este joven empresario prometió a su futura esposa que tendría todo lo que su corazón pudiera desear. Viajarían por todo el mundo y comprarían una casa en el adinerado vecindario de Bel Air en California.

Sin embargo, durante los dos primeros años de su matrimonio, sus deseos e intereses comenzaron a cambiar lentamente. Mirando atrás casi 50 años después, Bill explicó lo que produjo ese cambio: "Los dos nos enamoramos de Jesús".[3]

En esa época, Bill estaba trabajando en su título de posgrado en un seminario teológico, al tiempo que conducía un exitoso negocio que había empezado. Tanto él como su esposa fueron profundamente conmovidos y motivados por el reto del Señor Jesús registrado en el Evangelio de Marcos:

> *…Si alguien quiere ser mi discípulo —les dijo—, que se niegue a sí mismo, lleve su cruz y me siga. Porque el que quiera salvar su vida, la perderá; pero el que pierda su vida por mi causa y por el evangelio, la salvará.*
>
> —Marcos 8:34-35

Un domingo en la tarde, en la primavera de 1951, mientras la joven pareja conversaba, se sintieron plenamente convencidos de que conocer y servir al Señor Jesús era más importante que cualquier otra búsqueda en la vida. Allí, en la sala de su casa, se arrodillaron juntos y dijeron una sencilla pero sincera oración:

> *Señor, rendimos nuestra vida*
> *irrevocablemente a ti*
> *y a hacer tu voluntad.*
> *Queremos amarte y*
> *servirte de todo corazón*
> *por el resto de nuestra vida.*[4]

En ese momento, la pareja arrodillada no podía imaginarse hasta que punto esa oración, y la rendición que representaba, cambiarían todo el curso de sus vidas.

Bill describe un paso más que dieron ese día como expresión de la intención de sus corazones:

> Escribimos un contrato de verdad y lo firmamos comprometiendo toda nuestra vida a Dios, renunciando a todos nuestros derechos, a todas nuestras posesiones, a todo lo que jamás poseyésemos, dándole a Él, nuestro amado Señor y Maestro, todo. En palabras del apóstol Pablo, [mi esposa] y yo nos convertimos en la tarde de ese domingo en esclavos voluntarios de Jesús.[5]

Una vez firmado el contrato, la suerte estaba echada. No podía haber vuelta atrás. Décadas más tarde, Bill y Vonette Bright serían reconocidos en el mundo cristiano como quienes fundaron y dirigieron una de las organizaciones cristianas más grandes de la historia, con 70 ministerios diferentes, 26.000 empleados de tiempo completo y 226.000 voluntarios capacitados sirviendo en 190 países del mundo. Sin embargo, a pesar de sus muchos logros, cuando al doctor Bright le diagnosticaron una enfermedad pulmonar mortal, hizo saber que el único epitafio que él y su esposa querían en sus tumbas era: "Esclavos de Jesucristo".

Bill y Vonette Bright nunca han servido a Cristo por monotonía o pura obligación. Un amor apasionado por Cristo ha sido la fuente de su deseo de ser sus devotos esclavos. En estos días de celebridades cristianas, campañas de relaciones públicas y ceremonias de premios televisadas en el ámbito nacional, pocos creyentes confesos se sienten cautivados por la idea de ser simplemente esclavos de Jesucristo. Sin embargo, como veremos más tarde, si pasamos por alto o rechazamos ese llamamiento, nos perdemos uno de los privilegios más grandes y de nuestro único medio para lograr la verdadera libertad.

PÓNGALO EN PRÁCTICA EN SU VIDA PERSONAL

- Con sus propias palabras, escriba una oración expresando la intención de su corazón de rendirse totalmente a Cristo. Luego póngale fecha y firme su "contrato" con el Señor.

NOTAS

1. *The Works of Jonathan Edwards* [Las obras de Jonathan Edwards], tomo 1, "Memorias de Jonathan Edwards: Capítulo IV: Su diario" (Carlisle, Pa.: Banner of Truth Trust, 1976), xxv.
2. *Himnario Metodista Unido*, #607, tomado del Servicio de Renovación del Pacto Wesleyano; publicado en 1753 por Juan Wesley.
3. Tomado del discurso de aceptación del Dr. William R. Bright, al recibir el Premio Templeton para el Progreso en Religión en 1996. Pronunciado en Roma, Italia, en la Iglesia de Santa María en Trastevere, 9 de mayo de 1996.
4. *Ibíd.*
5. *Ibíd.*

UN ORIFICIO EN LA OREJA

ESCLAVOS PARA SIEMPRE

Señor, envíame a donde quieras,
solo te pido que vayas conmigo;
coloca en mí la carga que quieras,
solo te pido que me sustentes;
y corta toda atadura,
excepto la que me une a
tu servicio y a tu corazón.

DAVID LIVINGSTONE

El líder cristiano y pastor rumano Josef Tson fue exiliado de su país natal en 1981 luego de experimentar una prolongada persecución de parte de uno de los regímenes comunistas más represivos de la historia. Emigró a los Estados Unidos donde sirvió como ministro durante casi una década, hasta que pudo regresar a su tierra natal donde hoy continúa sirviendo.

Conocí a Josef y a Elisabeth, su esposa, por primera vez a principios de la década de los 80 mientras él hablaba en una reunión de obreros cristianos. Nunca he olvidado su respuesta cuando le preguntaron cómo quería ser presentado. Aunque sus credenciales académicas y profesionales son impresionantes, Josef no entregó una reseña biográfica impresa. Más bien, este articulado teólogo, educado en Oxford, que había sufrido tanto por su fe, dijo simplemente: "Quiero ser presentado como 'esclavo de Jesucristo'".

Durante sus años de exilio, Josef solía desconcertarse con algunos de los rasgos del cristianismo evangélico de los Estados Unidos los cuales eran extraños a lo que él había vivido en Europa oriental. Mientras estudiaba el desarrollo histórico del cristianismo evangélico estadounidense, descubrió que esas características contemporáneas eran el fruto de una serie de cambios de paradigmas espirituales.

El primero de esos cambios tuvo lugar al principio del siglo XX, cuando el énfasis que se hacía en el siglo XIX por buscar la santidad cambió por un deseo de experiencias exaltadoras y extáticas.

Un segundo cambio ocurrió en las décadas de los 50 y los 60, el cual Josef identifica como un "cambio del llamamiento a la rendición plena al llamamiento al compromiso". Él explica la diferencia de esta forma:

> *La rendición cristiana* significa que una persona levanta las manos y dice a Dios: "Aquí estoy. Me rindo. Tú estás a cargo. Te pertenezco. Tú dispones de mí".
>
> Pero estos son los Estados Unidos, el país de la gente independiente. Este es el lugar donde se dice: "Nadie me da órdenes... Yo me pertenezco".
>
> Un llamamiento a la rendición, aún más a la rendición plena, sencillamente no se acomoda a ese tipo de personas. Por lo tanto, los predicadores, que querían "resultados" y los querían en números grandes, sintieron la tentación (y cedieron a ella) de suavizar la exigencia, de reducir el costo, de hacer que el mensaje fuera más "admisible". Y encontraron la palabra "compromiso".
>
> Verá usted, *compromiso* significa: "Me comprometo a hacer algo por usted", o incluso más suave: "Prometo hacer algo por usted", pero yo sigo siendo yo y puedo cumplir o dejar de cumplir mi promesa. Podemos hablar de compromisos débiles o firmes, pero aunque este sea lo más firme posible, todavía es mi yo independiente el que se involucra en una promesa tentativa.[1]

Este cambio sutil allanó el camino para otros cambios en la cultura cristiana. Josef Tson prosigue diciendo:

Uno de ellos vino silenciosamente, casi sin ser notado, por medio de las nuevas versiones de la Biblia. A los traductores no les gustaba que se aplicara el término "esclavo" a las personas. ¿Quién quiere ser el esclavo de alguien? Por eso lo reemplazaron por "siervo". Una vez más vemos el reflejo y la exigencia del espíritu independiente.

En el griego, "esclavo" es *doulos*; "siervo" es *diakonos*. En la Biblia griega, uno nunca *diakoneo* a Dios. Uno nunca sirve a Dios; uno solo *douleo* a Dios. Es decir, uno es esclavo de Dios.

Jesús dice claramente en Lucas 17 que por mucho que hagas para Dios, al final de todo: "Soy un esclavo indigno; sólo hice lo que era mi obligación hacer como esclavo". Pero todo eso se ha perdido con el reemplazo de la palabra "esclavo" por la palabra "siervo".

El diccionario de la Real Academia de la Lengua Española destaca la diferencia entre siervo y esclavo al afirmar que el significado de este último: "Dicho de una persona: Que carece de libertad por estar bajo el dominio de otra".

Como señala Josef Tson, la esclavitud es un concepto que tiene resistencia en occidente. Apenas podemos asimilar la idea de ser siervos, pero nos asustamos cuando pronunciamos la palabra *esclavo*... y así debería ser, si nos referimos a una esclavitud coaccionada o involuntaria de una persona poseída por otra contra su voluntad. Esa es una relación detestable entre dos personas, ambas son creadas a imagen de Dios. Pero es absolutamente apropiado que los seres humanos escojan ser esclavos del Señor Jesús, a quien aman y anhelan servir para toda su vida.

OREJAS PERFORADAS

El capítulo 21 de Éxodo incluye una larga lista de reglamentaciones respecto a los siervos hebreos. Entre ellas hay un conmovedor escenario que ilustra gráficamente lo que significa ser esclavo en el sentido espiritual:

Estas son las leyes que tú les expondrás: Si alguien compra un esclavo hebreo, este le servirá durante seis años, pero en el séptimo recobrará su libertad sin pagar nada a cambio. Si el esclavo llega a declarar: "Yo no quiero recobrar mi libertad, pues les tengo cariño a mi amo, a mi mujer y a mis hijos", el amo lo hará comparecer ante los jueces, luego lo llevará a una puerta, o al marco de una puerta, y allí le horadará la oreja con un punzón. Así el esclavo se quedará de por vida con su amo.

—Éxodo 21:1-2, 5-6

A veces, los judíos muy pobres se veían obligados a venderse a sí mismos al servicio de sus compatriotas judíos. La ley de Dios exigía que todos los siervos fueran tratados con justicia y amabilidad, y que fueran liberados al finalizar un período de seis años. Este pasaje es una descripción de una opción inusitada provista para un siervo que había cumplido la obligación para con su amo y el plazo para ser liberado de la servidumbre ya había transcurrido.

El siervo era libre para irse. Sin embargo, en este caso, había desarrollado una relación firme y de amor con su amo y con la esposa y los hijos que había adquirido durante sus años de servicio, y por lo tanto no deseaba ser liberado. Presumiblemente, él admiraba a su amo y estaba agradecido por la manera en que había sido tratado y por las provisiones recibidas, tanto que quería continuar sirviendo en su casa.

Conociendo a su amo como lo conocía, el esclavo confiaba en que se le proveería de todo lo que necesitara, que nunca le faltaría comida, casa, ropa ni ningún otro artículo de primera necesidad.

No tenía obligación alguna de quedarse, pero *quería* quedarse. *Amaba* a su amo y tomaba una decisión voluntaria de convertirse en su esclavo. Al hacerlo, no estaba tan solo firmando otro contrato de servicio por seis años, estaba haciendo un compromiso para toda la vida. Se estaba rindiendo y renunciando a todos sus derechos —permanentemente— por su amo.

No se trataba puramente de un acuerdo contractual. No era el empleo doméstico. Era el acto de un hombre que voluntariamente decía a alguien a quien había llegado a conocer y a amar, y en quien confiaba: "Soy tuyo. Te pertenezco y quiero pasar el resto de mi vida cumpliendo tus deseos".

No podía haber secreto respecto a la naturaleza de la nueva relación del siervo con su amo. La transacción se hacía en una ceremonia pública en la que la rendición se reconocía de una manera visible y dolorosa. Se usaba un instrumento afilado para hacer un orificio en la oreja del siervo, lo cual significaba obediencia a la voz de su amo. La decisión era irreversible. Desde ese momento, siempre estaría marcado como esclavo.

Si el esclavo alguna vez cambiaba de parecer, si una semana, un mes, un año o diez años después decidía que quería salirse de ese trato, siempre tendría un orificio en la oreja para recordarle que no se pertenecía, y que nunca se pertenecería otra vez. Adquirir esta marca de posesión involucraba cierto grado de sufrimiento, pero el siervo estaba dispuesto a soportar el dolor físico para establecer y demostrar formalmente su relación con su amo. El orificio representaba una posesión para toda la vida.

EL CUADRO HECHO REALIDAD

En ningún lugar de las Escrituras ni en los registros históricos antiguos encontramos un solo ejemplo en el que un siervo tomara la decisión de la que habla Éxodo 21. Entonces, ¿por qué Dios sugirió siquiera tal escenario? Igual que muchas otras imágenes del Antiguo Testamento, creo que esta tenía la intención de señalarnos a Cristo y representar nuestra relación con Él.

El Nuevo Testamento nos dice que cuando el Señor Jesús vino a esta tierra, tomó "forma de siervo" [*doulos*, la forma más baja de esclavo] (Fil. 2:7). En obediencia a la voluntad de su Padre y por amor a su Padre —y por la esposa y la familia que su Padre le había dado— Cristo se humilló a sí mismo y se ofreció para ser esclavo, para poder liberar a los que eran esclavos del pecado (He. 2:10-18).

Proféticamente hablando de la muerte redentora de Cristo el salmista escribe: "A ti no te complacen sacrificios ni ofrendas, pero *me has hecho obediente*;... Me agrada, Dios mío, hacer tu voluntad..." (Sal. 40:6, 8, cursivas añadidas). Hasta donde sabemos, nadie había optado nunca por que le horadaran la oreja en la ceremonia descrita en Éxodo 21... hasta que Cristo vino a la tierra. En su deseo de hacer la voluntad de Dios y en su disposición a sufrir y a llevar las cicatrices de esa sumisión, Cristo se convirtió en el esclavo que simbólicamente cumplió el intercambio literal descrito en la ley del Antiguo Testamento.

En el Nuevo Testamento, los apóstoles Pedro y Pablo, junto con Santiago y Judas (ambos medio hermanos del Señor Jesús) siguieron las huellas del Gran Esclavo cuando cada uno de ellos se identificó como un *doulos*, esclavo de Jesucristo. Pablo dijo: "… yo traigo en mi cuerpo las cicatrices del Señor Jesús" (Gá. 6:17). ¿Qué estaba diciendo? "Soy un hombre con un orificio en la oreja. Soy esclavo de Jesucristo".

Ciertamente estos hombres entendían que también eran hijos de Dios y coherederos con Jesucristo, pero al igual que Josef Tson, antes que nada deseaban ser reconocidos como esclavos del Señor Jesucristo.

NO HAY LLAMAMIENTO MAYOR

He llegado a creer que no hay llamamiento mayor que el de ser marcado como esclavo de Cristo, optar por dar mi vida al servicio del Maestro al que he llegado a conocer, a amar y en quien confío. Durante muchos años mi oración ha sido: "Dios, hazme una mujer con un orificio en la oreja; quiero ser identificada como esclava de Jesucristo".

Eso no quiere decir que vivir como esclava de Jesucristo haya sido siempre fácil. Para mí, entre otras cosas, esa decisión ha significado:

- Pasar la mayor parte de mi vida adulta viajando, con la ropa en maletas en alojamientos temporales.
- Raras veces poder echar raíces; dificultad para mantener relaciones profundas y a largo plazo.
- Renunciar a todo "derecho" a una vida privada; prácticamente estar siempre en exhibición y "en guardia" para ministrar a las necesidades de otras personas.
- Vivir pendiente de fechas límites implacables; poco "tiempo libre" para entretenimiento, recreación o placeres personales; trabajar mientras otros se dedican a descansar o a socializar; pocos días o noches "libres".

- Privarme del privilegio del matrimonio y la maternidad.
- Llevar una carga permanente por la condición de la Iglesia y las necesidades espirituales de los demás.

¿Parecería que me quejo? Confieso que me he quejado bastante de las "presiones y exigencias" de servir a Cristo, pero la realidad fundamental que motiva e impulsa mis decisiones es la misma perspectiva que motivó al esclavo de Éxodo 21: *¡Amo a mi Señor!* De verdad que no me puedo imaginar un amo más maravilloso, misericordioso, amable, generoso y amoroso que Él.

¿Son sus requisitos duros a veces? Totalmente. ¿Son a veces distintos de lo que yo hubiera escogido para mí? Sin duda alguna. ¿Deseo a veces verme libre de las obligaciones que exige su servicio? Definitivamente. Sin embargo, en lo más profundo de mi corazón de verdad no deseo más que ser su esclava leal para toda la vida.

Ahora bien, no crea que eso me hace una especie de santa. Nada de lo que Él me ha requerido jamás podría empezar a pagar la deuda que tengo con Él. Además, el corazón que me ha dado debe ser —y puede ser— el corazón de todo hijo de Dios.

Y por supuesto, ¡no me tenga lástima! Difícilmente puedo calcular los increíbles dones y gozos que Dios ha derramado sobre mí desde que me convertí en su esclava voluntaria cuando era una niña. Qué privilegio es:

- Conocerlo y amarlo, y ser conocida y amada por Él
- Tener su compañía todas las horas del día y de la noche
- Vivir cuidada y protegida bajo su cuidado
- Agradarlo
- Que se me confíen las infinitas riquezas de su glorioso

evangelio y ser llamada para darlo a conocer a otros
- Tener un hogar eterno esperando por mí en los cielos
- Servir junto a tantos otros siervos queridos
- Haber ayudado en el nacimiento y la alimentación de incontables hijos espirituales

Estos son solo un puñado de los tesoros que he recibido de su mano. ¿No sería una tonta si dejara su servicio y optara por servir otra causa u otra persona en este mundo? Como nos recuerda C. S. Lewis:

> Esas exigencias divinas, que suenan a nuestros oídos naturales más como las de un déspota que como las de un amante, de hecho nos guían a donde quisiéramos ir si supiéramos lo que queremos.[2]

Para usted, ser esclavo de Jesucristo probablemente signifique un conjunto de asignaciones diferentes de las que Él me dio a mí o a otra persona. Debemos resistir la tentación de comparar lo que nos pide con lo que requiere de otros. Como esclavo suyo, puede que le pida:

- Renunciar a una carrera satisfactoria o a hacerse un nombre para dedicar los mejores años de su vida a servir a su esposo e hijos
- Estar "de guardia" las 24 horas del día, 7 días a la semana, para satisfacer las necesidades de sus hijos o de uno de sus padres ancianos, impidiéndole tener "vida propia"
- Pasar un poco de incomodidad para impartir clases en la escuela dominical o dirigir un estudio bíblico para un grupo pequeño, o elaborar un ministerio para los jóvenes "en alto riesgo" en la parte pobre de la ciudad

- Servirle en el ambiente de un trabajo secular antagónico a las creencias y los valores cristianos, o ser un testigo fiel como único creyente entre sus parientes
- Servir fielmente durante años en una posición necesaria pero desagradecida y oscura de su iglesia local
- Reducir sus gastos para poder contribuir de manera generosa a la obra del Señor

Independientemente de si Él le llama o no a servirle en maneras que parecen insignificantes o significativas, ocultas o visibles, por debajo de sus habilidades o años luces más allá de las mismas, rutinarias o emocionantes, comunes o inimaginables... sea lo que fuere que pida, adondequiera que le envíe... un corazón rendido dirá junto con María de Nazaret:

Aquí tienes a la sierva del Señor —contestó María—. Que Él haga conmigo como me has dicho.

—Lucas 1:38

Leonard Ravenhill era un siervo fiel del Señor cuyos libros y sermones han inflamado los corazones de millones de personas. Una mañana, a las cuatro en punto, solo unos cuantos días antes de que fuera a reunirse con el Señor a la edad de 89 años, escribió estas palabras que he colocado en mi estudio como recordatorio de lo que significa ser esclava del Señor:

Señor, dale a mi corazón hoy
una pasión que no pase nunca.
Enciéndelo con tu santo fuego
para que nunca el deseo de la tierra
invada ni apague el poder nacido del cielo.
Que quede atrapado en tu santa voluntad,

y tus santos propósitos cumpla,
para que todo esfuerzo de mi vida
produzca una alabanza extasiada a mi eterno Rey.
Prometo desde este día hasta que muera
ser tu esclavo incuestionable.
Señor, concede que esta sea nuestra oración. Amén.

PÓNGALO EN PRÁCTICA EN SU VIDA PERSONAL

- ¿Es usted un hombre o una mujer con "un orificio en la oreja"?

- ¿Su relación con Cristo se ve mejor caracterizada por la palabra compromiso o por la palabra rendición?

NOTAS

1. Mensaje electrónico recibido de Josef Tson, 30 de julio de 2001. En su libro *The Closing of the American Mind* [El cierre de la mentalidad estadounidense], el profesor universitario Allan Bloom dice algo similar desde una perspectiva secular: "Compromiso es una palabra inventada en nuestra modernidad abstracta para significar ausencia de toda motivación real en el alma para la dedicación moral. Compromiso no tiene fundamento ni motivación, porque las verdaderas pasiones son todas bajas y egoístas" (Nueva York: Simon and Schuster, 1987), 122.

2. C. S. Lewis, *The Problem of Pain* [El problema del dolor] (Londres y Glasgow: Collins Clear-Type Press, 1940), 41.

CAPÍTULO 4

NUESTRA VIDA COMPLETA

SACRIFICIO VIVO

*Debemos adiestrar hombres y
mujeres que le dediquen a la revolución,
no solo sus noches libres,
sino sus vidas completas.*

VLADIMIR LENIN[1]

En 1917, un puñado de hombres se dispuso a hacer una revolución mundial. En unas cuantas décadas habían conseguido construir un imperio que tenía en su poder más de un tercio de la población mundial. ¿Cómo sucedió eso?

Al menos en parte, la respuesta se halla en su dedicación a una causa y su disposición a sacrificar sus vidas por esa causa. Su misión y el resultado de sus esfuerzos eran indisputablemente malignos. Sin embargo, el surgimiento del Partido Comunista es uno de los ejemplos más impresionantes en la historia humana de lo que significa entregarse totalmente.

Douglas Hyde fue alguna vez un líder del Partido Comunista de Inglaterra. En 1947 desertó del partido y pasó el resto de su vida dedicado a desenmascarar el movimiento. En su estimulante libro *Dedication and Leadership* [Dedicación y liderazgo], Hyde destacó algunos de los principios practicados por el Partido Comunista que él consideraba que los cristianos harían bien en adoptar.

El tema de la dedicación y el sacrificio total se repite en el libro de Hyde. Por ejemplo, él señalaba que "prácticamente todos los miembros del partido son hombres dedicados en cuyas vidas, desde el momento en que se levantan por la mañana hasta el momento en que se van a la cama por la noche, 365 días al año, el comunismo es la fuerza dominante".[2] Hyde describió a los comunistas como "personas dedicadas a lograr el cien por ciento en un mundo poblado con personas que se conforman con el cincuenta por ciento".[3]

Hace años encontré una carta escrita por un joven miembro del partido comunista a su prometida en la cual le explicaba por qué se sentía obligado a romper su compromiso. Su carta ilustra el tipo de mentalidad de sacrificio que caracterizaba a muchos de los que se dedicaron a la revolución comunista:

> Existe una causa a la cual estoy totalmente entregado, y esta es la causa socialista. Es mi vida, mi negocio, mi religión, mi pasatiempo, mi novia, mi esposa, mi amante, mi pan y mi carne. Trabajo en ella durante el día y sueño con ella por la noche; a medida que pasa el tiempo mi vínculo con esta crece en lugar de disminuir. Viviré para ella el resto de mi vida.
>
> Si piensas en mí, es necesario pensar en el socialismo también porque yo estoy inseparablemente unido a él. Por lo tanto, no puedo cultivar una amistad, tener una aventura amorosa o ni siquiera sostener una conversación sin relacionarla con esta fuerza, la cual impulsa y guía mi vida. Evalúo a las personas, los libros, las ideas y las teorías conforme a la manera en que afectan a la causa socialista, y por la actitud de ellos hacia dicha causa.
>
> Ya he estado encarcelado a causa de mis ideas, y si es necesario, estoy dispuesto a presentarme delante de un pelotón de fusilamiento. Algunos de nosotros terminamos muertos o encarcelados; incluso para aquellos que logran escapar de estos difíciles finales, la vida no es ningún jardín de rosas. Un radical genuino vive casi en pobreza. Le entrega al partido cada centavo

que gana, excepto lo que le es absolutamente necesario para sobrevivir. Los radicales no tienen tiempo ni dinero para películas, conciertos, filetes, casas decentes o autos nuevos.

Se nos ha descrito como fanáticos. Lo somos. Nuestras vidas están dominadas por un gran factor que es más importante que todo: La lucha por el socialismo.

En mi opinión, el surgimiento meteórico del comunismo en nuestro mundo no se puede explicar sino es por una disposición a hacer lo que la mayoría consideraría sacrificios extremos por una causa.

El ejemplo de los que están dedicados a la causa del comunismo nos lleva a quienes afirmamos creer en la Verdad a examinar nuestro propio nivel de sacrificio y rendición. ¿Es nuestra relación con Jesucristo el centro de nuestra existencia? Igual que el joven comunista, ¿giran todos nuestros actos alrededor de "la causa", en nuestro caso, la causa de Cristo?

SACRIFICIOS Y OFRENDAS

Las Escrituras proporcionan una serie de figuras del lenguaje que nos ayudan a entender lo que significa ser un verdadero seguidor de Jesucristo. Una de las imágenes más imponentes es la de una *ofrenda quemada*.

Los judíos del Antiguo Testamento conocían todo lo relacionado con los sacrificios y ofrendas. Prácticamente todo aspecto de la vida —"secular" o "espiritual"— estaba ligado a un sistema de adoración que giraba alrededor de sacrificios y ofrendas, palabras que aparecen en varias formas más de 1.600 veces solo en el Antiguo Testamento.

Se ha escrito mucho sobre el significado de las diferentes

ofrendas prescritas por Dios para su pueblo. Al final, todas esas ofrendas eran imágenes que tenían la intención de señalar a la gente su necesidad de un Salvador: Un inocente que sacrificara su vida como sustituto por los pecadores, haciendo posible que estos tuvieran comunión con un Dios santo.

La forma más frecuente de ofrecer un sacrificio en el Antiguo Testamento era la ofrenda quemada (Lv. 1), llamada así porque el animal ofrecido en sacrificio era colocado en el altar y el fuego lo consumía por completo.

Ofrecidas muchas veces junto con las ofrendas por el pecado o la culpa, las ofrendas quemadas tenían la intención de expresar la total dedicación y consagración del adorador al Señor. Representaban una rendición completa a la voluntad de Dios.

SACRIFICIOS QUE AGRADAN A DIOS

Aunque el Nuevo Testamento no habla explícitamente de ofrendas quemadas, sí revela el cumplimiento de esa imagen del Antiguo Testamento en dos sentidos. Primero, Cristo, el Cordero de Dios, ofreció su cuerpo como ofrenda quemada en total consagración y rendición a la voluntad de Dios (vea He. 9:14; 10:5-7), y segundo, a la luz del sacrificio de Cristo por nosotros, los creyentes del Nuevo Testamento son exhortados a hacer una ofrenda propia.

Por lo tanto, hermanos, tomando en cuenta la misericordia de Dios, les ruego que cada uno de ustedes, en adoración espiritual, ofrezca su cuerpo como sacrificio vivo, santo [racional] y agradable a Dios.

—Romanos 12:1

Ese es el manifiesto de la rendición del cristiano a Dios. Nuestros "cuerpos" representan la suma total de todo lo que somos, todo lo que tenemos y todo lo que hacemos. Así como esos creyentes del Antiguo Testamento simbolizaban su consagración ofreciendo sacrificios que serían consumidos totalmente en el altar, así nosotros hemos de ofrecernos totalmente para ser consumidos por Dios.

Sin embargo, a diferencia de los sacrificios del Antiguo Testamento, hemos de ofrecernos a nosotros mismos como sacrificios vivos, es decir, hemos de seguir viviendo en estos cuerpos reconociendo que no son nuestros, que pertenecen a Dios, cuyo templo somos nosotros.

Este pasaje sugiere un aspecto de consagración tanto inicial como continua. Una rendición que se hace una vez y para siempre, así como un sacrificio diario y repetitivo de nuestra vida a Dios.

Ofrecer nuestros cuerpos habla de una presentación completa de nosotros a Dios. Significa dedicar al Señor Jesús, no solo nuestras "noches libres", sino "nuestras vidas completas".

Ser un *sacrificio vivo* representa poner en práctica esa devoción, una día a la vez, pues Dios en realidad nos pide más que nuestras "noches libres", y nosotros le respondemos sobre la base de esa consagración inicial.

"ACEPTO": UN MOMENTO Y TODA UNA VIDA

Este doble aspecto de la rendición —un punto inicial seguido de un proceso continuo durante toda la vida— se puede ver en el matrimonio. Cuando un hombre y una mujer comparecen delante de un pastor para unir sus vidas, pronuncian una serie de votos, por lo general diciendo: "Acepto". En ese momento rinden sus vidas plenamente el uno al otro. Se prometen amor, fidelidad y servicio mutuo.

El intercambio de votos en el altar es solo el lugar de partida, pero es el lugar de partida. Hasta que un hombre y una mujer no digan "Acepto", no existe una base legal ni espiritual que les permita tener una relación continua, íntima y fructífera.

Sin embargo, una vez que una pareja dice: "Acepto" —una vez que llegan a ese punto de rendición inicial—, empiezan un proceso perpetuo para mantener esos votos, cada día, por el resto de sus vidas. Después que se tira el arroz y se acaba la fiesta, deben comenzar a poner en práctica las implicaciones de esos votos en el contexto de la vida cotidiana… para bien o para mal.

Con el tiempo comprenderán mejor lo que esos votos en realidad significaban. Sin duda alguna, habrá momentos en los cuales se acordarán del instante en que ambos comparecieron ante el altar e intercambiaron votos, y se dirán a sí mismos: *Yo no tenía ni idea de lo que esto significaría. ¡Nunca se me ocurrió que él iba a querer que yo hiciera eso! Nunca pensé que amarla implicaría esto.*

De la misma forma, en nuestra relación con el Señor existe un punto de partida. Un punto en el que le decimos: "Acepto". Un punto en el que entramos en un pacto eterno con Él. Desde ese momento en adelante, somos personas nuevas, tenemos un nuevo dueño, estamos unidos a Cristo eternamente. Nuestra vida ya no nos pertenece; le pertenecemos a Aquel que nos creó y nos redimió por medio de la sangre de su Hijo.

Sin embargo, en el momento de la conversión nadie puede estar consciente de todas las implicaciones de esa transacción, como tampoco una pareja de pie ante el altar está plenamente consciente de todo lo que sus votos significarán en el futuro.

Nuestra rendición inicial a Cristo fue la plataforma de lanzamiento para una vida de rendición y sacrificio continuos. Ahora bien, se nos llama a poner en práctica esa consagración diaria y perpetuamente, respondiendo a las diferentes circunstancias y elecciones de la vida en obediencia y rendición a su voluntad.

SACRIFICIO: DIFERENTES TAMAÑOS Y FORMAS

Un predicador ilustró la dimensión del sacrificio y la rendición que se hace diaria y continuamente de esta manera:

> Creemos que darle todo al Señor es como tomar un billete de mil dólares y ponerlo sobre la mesa: "Aquí tienes mi vida, Señor. Te la doy toda".
>
> Pero para la mayoría de nosotros, la realidad es que Él nos envía al banco y nos hace cambiar los mil dólares en monedas de 25 centavos. Vamos por la vida poniendo 25 centavos aquí y 50 allá. Escuchar los problemas del niño vecino en vez de decir: "Desaparece". Ir a la reunión de un comité. Dar un vaso de agua a un anciano tembloroso en un asilo.
>
> Por lo general, entregar nuestra vida a Cristo no es glorioso. Se hace en todos esos pequeños actos de amor, 25 centavos a la vez.[4]

Dios puede pedirle sencillamente que sacrifique los próximos 30 minutos para llamar a su suegra viuda quien es muy negativa... o la tarde para ayudar a una familia que está empacando para una mudanza... o la noche para ayudar a su hijo con un proyecto de ciencias... o su sueño de una noche normal para cuidar a un hijo enfermo... o el fin de semana para cuidar a los niños de la vecina... Veinticinco centavos aquí. Cincuenta centavos allá.

A veces, el Señor le pedirá que sacrifique de una sola vez

varias monedas de 25 centavos o incluso varios dólares: En vez de tomar esas caras vacaciones, comprar ese auto o ese mueble nuevo, dé el dinero a un proyecto misionero o a una familia necesitada... en vez de establecerse en esa cómoda vida de jubilado, ofrézcase de voluntario en un ministerio de su iglesia local o de su comunidad... acepte el regalo que le hace Dios al darle un hijo más... adapte su estilo de vida para que sea posible que mamá se quede en casa con los niños.

De vez en cuando, el Señor puede pedir un sacrificio que hace que todos los anteriores parezcan insignificantes: Deje su empleo seguro y mude a su familia a un lugar adonde nunca soñó vivir para servir al Señor en una organización misionera... renuncie a su hijo o hija para que sirva a Dios en un país adonde el testimonio cristiano es restringido... ame fielmente a su cónyuge incrédulo, quien permanentemente ridiculiza su fe... acepte con gratitud el regalo de un hijo físicamente incapacitado que requerirá un cuidado constante durante toda la vida... renuncie a su sueño de poder concebir y dar a luz...

Ya sea que caigan en la categoría de piezas de 25 centavos o billetes de 100 dólares, los sacrificios que Dios nos pide nunca son inútiles. Podemos estar seguros de que cada uno cumple los propósitos más elevados y eternos para nuestra vida y para el avance de su reino. El darnos cuenta de que todo acto de obediencia es significativo en la economía de Dios, y de que todo es para *Él,* añade propósito y gozo cuando presentamos nuestros sacrificios y ofrendas.

UN SACRIFICIO COMPLETO

El llamamiento de Dios a que pongamos nuestra vida en el altar de sacrificio significa que le damos todo cuanto somos: Nuestros derechos, reputación, deseos, planes futuros, todo lo que nos concierne. Primero nos entregamos para toda la vida y luego, día a día, momento a momento, decisión a decisión.

La doctora Helen Roseveare es una de mis heroínas espirituales. Durantes las décadas de los 50 y 60, trabajó como médica misionera en el Congo Belga (hoy conocida como la República Democrática del Congo), adonde sufrió grandes atrocidades durante la rebelión Simba. Cuando necesito que alguien me recuerde lo que significa vivir una vida rendida, vuelvo a leer su impresionante historia *Living Sacrifice* [Sacrificio vivo]. La descripción práctica que hace la doctora Roseveare sobre lo que significa ser un sacrificio vivo se aplica a todos los creyentes, ya sean misioneros, amas de casa, estudiantes, empresarios o empleados de oficina:

> Ser un sacrificio vivo involucrará todo mi tiempo. Dios quiere que viva cada minuto para Él de conformidad con su voluntad y propósito... no hay tiempo que pueda considerar mío propio, ni "fuera de servicio" o "libre"...
>
> Ser un sacrificio vivo involucrará todas mis posesiones... todo debe estar a disposición de Dios para el avance de su reino. Mi dinero es suyo... Él tiene derecho a dirigir los gastos del más mínimo centavo... debo considerar que no poseo nada. Todo es de Dios y lo que tengo, lo recibo a crédito de Él para usarlo como Él desee.
>
> Ser un sacrificio vivo involucrará todo mi ser. Mi voluntad y mis emociones, mi salud y vitalidad, mi pensamiento y mis actividades han de estar todas a la disposición de Dios para que a través de ellas Él pueda revelarse a otras personas como mejor le parezca. Si Dios considera que alguien podrá conocerlo mediante mi enfermedad, acepto la mala salud y la debilidad. No

tengo derecho a exigir lo que llamamos buena salud… todos los derechos son suyos, para dirigir mi vida de manera que se pueda revelar a sí mismo más claramente por medio de mí. Entonces, Dios tiene derecho a escoger mi trabajo, mis compañeros y mis amigos…

Ser un sacrificio vivo involucrará todo mi amor… renuncio al derecho a escoger a quién voy a amar y cómo, dándole al Señor el derecho de escoger por mí… a Él le corresponde totalmente decidir si debo tener un compañero o no, y yo acepto con gusto su mejor voluntad para mi vida. Debo llevar todas las áreas de mis afectos al Señor para que Él las controle, pues es aquí, por encima de todo, donde necesito sacrificar mi derecho a escoger por mí misma…

Necesito pertenecer a Dios tan completamente que Él pueda usarme u ocultarme, como le plazca, como una flecha en su mano o en su aljaba. No haré preguntas: Le doy a Él todos mis derechos, pues Él desea mi supremo bien. Dios sabe lo que es mejor.[5]

UNA RESPUESTA RAZONABLE

¿Parece esto mucho pedir? La verdad es que hay momentos en que siento que Dios me está pidiendo algo que no es razonable. Puede que sea escuchar y cuidar a una mujer que desea conversar, cuando emocional y físicamente me siento agotada al final de un largo día de ministerio; tal vez sea suministrar un apoyo económico sustancial para ayudar a una pareja que está en la obra cristiana a proporcionar una educación cristiana a sus hijos; quizá sea relacionarme con una persona difícil y exigente.

En esos momentos, me siento emocionalmente extenuada:

"Ya he dado mucho. ¡No puedo dar más!" Es entonces cuando necesito hacer un viaje al Calvario y mirar a los ojos de un Dios que sangra y que dio todo para reconciliarme con Él. Por eso el apóstol Pablo dice:

> *Por lo tanto, ...hermanos, tomando en cuenta la misericordia de Dios, les ruego que cada uno de ustedes en adoración espiritual, ofrezca su cuerpo como sacrificio vivo, ...razonable [definición al margen del texto] y agradable a Dios.*
>
> —Romanos 12:1

La palabra griega que se traduce como "racional" es la palabra *logikos*. A la luz de la increíble misericordia de Dios derramada sobre nosotros (en el pasado, en el presente y en el futuro), la única respuesta lógica que podemos dar es un sacrificio completo y pleno de nuestra vida.

Willis Hotchkiss fue un misionero pionero en África Oriental a finales del siglo XIX, quien hizo lo que para nosotros serían sacrificios extraordinarios por Cristo. En una ocasión describió algunas de las condiciones que él y otros habían enfrentado en los primeros días de su obra, tales como vivir durante más de dos meses de frijoles y leche agria soportando extensos períodos de tiempo sin satisfacer las necesidades básicas, temiendo los ataques de leones que se alimentaban de seres humanos y viendo a muchos colegas perder la vida. Luego concluyó:

> Pero *no me hablen de sacrificio*. No hay tal sacrificio. Ante el gozo superlativo que produce la abrumadora experiencia de pronunciar esa palabra milagrosa, Salvador, por primera vez ante una gran tribu que nunca antes la había escuchado, jamás podría considerar que

estos 40 años hayan sido un sacrificio. Vi a Cristo y su cruz e hice esto porque lo amaba.[6]

Tal vez Dios nunca le llame a usted a un campo misionero extranjero; puede que nunca le pida que soporte las condiciones que Willis Hotchkiss tuvo que enfrentar en África. No obstante, Él le pide que ofrezca su vida y sus circunstancias diarias como un sacrificio vivo —una ofrenda quemada— que simboliza su completa consagración y rendición al Salvador que dio su vida por usted.

¿A un Salvador así debemos solo dedicarle nuestras noches libres? ¿No es Él digno de toda nuestra vida? En palabras del inmortal himno de Isaac Watts:

> *El mundo entero no será,*
> *Dádiva digna de ofrecer.*
> *Amor tan grande y sin igual,*
> *En cambio exige todo el ser.*[7]

PÓNGALO EN PRÁCTICA EN SU VIDA PERSONAL

- ¿Ha dedicado a Cristo "toda su vida" o le está dando únicamente sus "noches libres"?

- ¿Qué podría significar para usted hoy ofrecerse como "sacrificio vivo" a Dios?

NOTAS

1. Citado en el epígrafe de *The Whole of Their Lives: Communism in America, an intimate portrayal of its leaders* [Sus vidas completas: Comunismo en América, un retrato de sus líderes] por Benjamin Gitlow. Tomado de *Lenin on Organization* [Lenin sobre organización] (Daily Worker Publishing Co., 1926), 44. Lenin escribió estas palabras por primera vez en el periódico social demócrata Iskra, No. 1, en 1900.

2. Douglas Hyde, *Dedication and Leadership* [Dedicación y liderazgo] (Notre Dame, Ind.: Universidad de Notre Dame, 1966), 25.

3. *Ibíd.*, 40.

4. Tomado de un mensaje en una conferencia sobre liderazgo pastoral impartida por el Dr. Fred Craddock.

5. Helen Roseveare, *Living Sacrifice* [Sacrificio vivo] (Miniápolis: Bethany, 1979), 116–118.

6. Citado en T. A. Hegre, *The Cross and Sanctification* [La cruz y la santificación] (Miniápolis: Bethany, 1960), 179-80.

7. Isaac Watts, del himno "La cruz excelsa".

CAPÍTULO 5

CÓMO ENFRENTAR NUESTROS TEMORES

DIOS ES FIEL

*Si hay algo que lo esté refrenando,
o algún sacrificio que tema hacer,
acuda a Dios y compruebe lo generoso que es.
Nunca tema que Él vaya a ordenarle
lo que no le va a conceder.
Dios viene y ofrece obrar esta
absoluta rendición en usted.*

ANDREW MURRAY[1]

Al escribir este capítulo, algunos de nuestros hermanos y hermanas en Indonesia están pagando un enorme precio por seguir a Cristo. En algunos pueblos que han sido ocupados por musulmanes militantes, los cristianos que se niegan a convertirse al islam son echados de sus casas. El precio que pagan por esa libertad es abandonar sus hogares y todo lo que poseen, para nunca más regresar. La única manera posible de permanecer en sus hogares es aceptando convertirse en musulmanes.

Para la mayoría de nosotros pagar ese precio es incomprensible. No podemos concebir que se nos exija literalmente abandonarlo todo por seguir a Cristo. No obstante, al considerar el llamamiento de Cristo a rendirnos plenamente, tal vez nos veamos enfrentados con temores reales de lo que eso nos podría significar.

"Yo me rindo a ti...", "Solo a Cristo necesito..." Las palabras salen de nuestros labios cuando cantamos en la iglesia. Pero no es tan fácil asumir una posición desde la cual tengamos que descubrir si en realidad, Él es todo lo que necesitamos. Aunque no es probable que nos encontremos en la misma situación que los creyentes de Indonesia, la plena rendición a Cristo nos obliga a encarar la posibilidad —o la realidad— de renunciar a algunas de las cosas que consideramos más importantes en la vida.

Nuestra tendencia natural es aferrarnos fuertemente, tratar de proteger y preservar cualquier cosa sin la cual nos parece imposible vivir. Tememos que si rendimos *todo* a Dios —nuestra salud, posesiones materiales, familia, reputación, planes de tener una carrera, todos nuestros derechos y nuestro futuro—, Él nos pueda tomar en serio. Vemos a Dios despojándonos de las cosas que más necesitamos o disfrutamos, o tal vez enviándonos a servirle en el lugar más inhóspito del planeta.

Muchos de los temores que sentimos al ceder el control total de nuestra vida a Dios caen en cuatro categorías. Si lo rindo todo a Dios, ¿qué pasará con...?

La provisión: ¿Tendré lo que necesito? ¿Si pierdo mi empleo? ¿Si mi esposo pierde su empleo? ¿Podemos darnos el lujo de tener más hijos? ¿Cómo vamos a costear su educación? ¿Si Dios nos pide que demos nuestros ahorros a la iglesia o a una familia necesitada? ¿Si Dios nos llama al ministerio vocacional? ¿Cómo nos mantendremos? ¿Si la economía se derrumba? ¿Qué va a suceder con nuestras inversiones? ¿Si mi esposo muere? ¿Tendré suficiente para vivir?

El placer: ¿Seré feliz? Si me rindo totalmente a Dios, ¿seré infeliz? ¿Podré hacer las cosas que disfruto? ¿Si Dios quiere que renuncie a mi carrera? ¿O a los deportes? ¿O a mi pasatiempo favorito? ¿O a mi mejor amigo? ¿O a las comidas que en realidad me gustan? ¿Me obligará Dios a permanecer en este matrimonio infeliz? ¿Me sentiré realizado si lo obedezco?

La protección: ¿Estaremos seguros mis seres queridos y yo? ¿Si mi hijo nace con una incapacidad mental o física? ¿Si alguien abusa de mis hijos? ¿Si tengo un accidente y quedo lisiado de por vida? ¿Si me da cáncer? ¿Si alguien entra a robar a nuestra casa? ¿Podría Dios optar por llevarse a mi cónyuge o a mis hijos? Si mi hijo se va al campo misionero, ¿estará seguro? **Las relaciones personales: ¿Serán satisfechas mis necesidades de relaciones personales?** ¿Si el Señor quiere que sea soltero para toda la vida? ¿Cómo puedo vivir sin relaciones sexuales o sin romance? ¿Si mi cónyuge nunca llegara a amarme? ¿Si Dios no nos da hijos? ¿Si pierdo a mi cónyuge? ¿Cómo puedo manejar el rechazo de mis padres? ¿Si mi mejor amiga se muda lejos? ¿Si la gente rechaza a nuestra familia por nuestro compromiso con las normas bíblicas?

CÓMO VENCER EL TEMOR CON LA FE

Las páginas de las Escrituras están impregnadas con historias de hombres y mujeres que lo arriesgaron todo para seguir a Cristo. A veces pensamos que estas personas son meras figuras sin vida en un museo de cera; olvidamos que fueron personas reales que tuvieron que enfrentar los problemas de la vida real.

Por ejemplo, tomemos a Abraham. Creemos que Abraham era un súper hombre, con una fe enorme. Y lo era. Sin embargo, tuvo que enfrentar muchos de los mismos asuntos y temores con los cuales nosotros luchamos. Una y otra vez, para poder avanzar en su relación con Dios, Abraham fue llamado a rendirse. Hacer eso exigía que renunciara, que abandonara el control, que corriera un riesgo y confiara en un Dios que no podía ver.

Abraham creció en un ambiente pagano e idólatra adonde no había absolutamente nada que inspirara ni alimentara la fe: No había Biblias de estudio, ni discos compactos de alabanza y adoración, ni iglesias, ni comunión cristiana. Cuando un Dios invisible y desconocido le habló a Abram (así se le conocía en aquel tiempo) y le dijo que se aventurara a dejar atrás todo lo que conocía y era cómodo para él, este tuvo que tomar la decisión de quedarse o irse.

Al tomar esa decisión, Abram tuvo que considerar el costo de la rendición:

- ¿Cómo se van a satisfacer las necesidades de mi familia? (*provisión*)
- ¿Seremos felices? (*placer*)
- ¿Estaremos a salvo? (*protección*)
- ¿Quieres que mi esposa y yo dejemos a todos nuestros amigos y parientes? (*relaciones personales*)

El registro bíblico no nos dice hasta qué punto, si es que lo hubo, Abram luchó con su decisión. Todo lo que sabemos es que se fue. Génesis 12:1 registra el llamamiento de Dios a Abram: "…Deja tu tierra, tus parientes y la casa de tu padre…" Tres versículos más adelante leemos: "Abram partió, tal como el SEÑOR se lo había ordenado…" (12:4).

Sin más explicación y sin tener ni idea de adónde iba, cómo llegaría o qué haría una vez estuviera allí, Abram lo arriesgó todo, se echó en brazos de la Providencia… y se fue. Escogió la amistad con Dios por encima de todas las relaciones humanas, las ataduras terrenales y la seguridad palpable.

"Pero dirá usted, Abraham tenía mucho que ganar. Después de todo, Dios había prometido darle una tierra fructífera y más hijos de los que podía contar". Sí, Abraham recibió grandes promesas. Sin embargo, tenga en cuenta que durante más de 25 años no tuvo la más mínima muestra palpable de que las promesas de Dios se cumplirían. Hechos 7:5 nos recuerda la realidad que fácilmente pudo haber sacudido la fe de Abraham:

No tenía "herencia" ni "hijo", pero aún así se fue, y a pesar de uno que otro desliz en su fe, siguió.

Abraham se rindió a los propósitos y planes de Dios, sin garantía tangible de que su obediencia alguna vez fuera a ser "recompensada". Incluso cuando no podía ver el resultado de su fe, *creyó* en Dios. Arriesgó su vida, su seguridad, su futuro —todo— creyendo en el hecho de que Dios era real y que cumpliría sus promesas (He. 11:6). Ese era el fundamento sobre el cual descansaba su fe. Eso fue lo que motivó sus repetidos actos de rendición.

Fue la fe en el carácter y las promesas de Dios lo que permitieron que Abraham y su esposa, Sarah, adoptaran un estilo de vida itinerante —viviendo en tiendas— durante más de 25 años.

Fue la fe en las promesas de Dios lo que sostuvo a la pareja a lo largo de decenios de infertilidad y anhelos no realizados.

Fue la fe en las promesas de Dios lo que motivó a Abram a ceder la mejor opción de tierra a su sobrino Lot, y a confiar en que Dios proveería una herencia adecuada para él (Gn. 13:1-11).

Fue la fe en el carácter y las promesas de Dios lo que dio a Abram valor (¡a la edad de 75 años!) para vencer la inmensa maquinaria militar de los reyes aliados del este con el fin de rescatar a su sobrino errante (Gn. 14).

Cuando Abram estuvo a punto de ceder al miedo de las represalias que los reyes derrotados pudieran tomar, Dios reforzó su fe con una repetición de sus promesas: "No temas, Abram; yo soy tu escudo, y muy grande será tu recompensa" (Gn. 15:1). ¿Qué estaba diciendo Dios? *Yo soy tu protección y tu provisión; si me tienes a mí, tienes todo lo que necesitas. Entonces... ¡confía en mí!*

A veces, el llamamiento de Dios en nuestra vida puede exigir que renunciemos a cosas o personas sin las cuales creemos que es imposible vivir: Posesiones materiales, un trabajo o ascenso, buena salud, un cónyuge o un hijo, o el respeto y la comprensión de nuestros amigos más cercanos. Las promesas de Dios proporcionan un antídoto potente contra todos nuestros temores y nos liberan para dar un paso de fe y rendirnos.

EXTRANJERO EN LA TIERRA, AMIGO DE DIOS

Abram llegó a ser conocido entre sus contemporáneos como "Abram el hebreo" (Gn. 14:13). La palabra hebreo significa "extranjero" o "forastero". Desde la perspectiva terrenal, él fue siempre una especie de "inadaptado"; no encontraba su lugar. Sin embargo, eso no importaba. Abram entendía que todo lo que este mundo ofrece es, a lo sumo, temporal. Su ciudadanía máxima no estaba en esta tierra. Estaba viviendo para un hogar eterno (He. 11:16). Estaba dispuesto a arriesgar todo lo que este mundo considera vital —casa, reputación, posición, posesiones, familia, prestigio— para estar seguro eternamente y obtener la bendición de Dios. Y eso es exactamente lo que sucedió.

Aunque era extranjero en la tierra, desde la perspectiva del cielo Abraham fue llamado a ser "amigo de Dios" (Stg. 2:23). El desarrollo de la extraordinaria relación de este hombre con Dios se puede definir en términos de una serie de rendiciones hechas durante el curso de una vida. Cada una de esas rendiciones se basaba en una revelación del Dios que hace y cumple promesas.

ALTARES DE RENDICIÓN

Quizás el símbolo más apropiado de la vida de Abraham sea un altar. En cuatro ocasiones distintas, en diferentes etapas de su peregrinación, se nos dice que Abraham respondió a Dios edificando un altar. Primero en Siquem (Gn. 12:7), luego entre Betel y Hai (12:8), después en Hebrón (13:18), Abraham erigió altares: Símbolos silenciosos de rendición y fe.

Posteriormente, en una montaña llamada Moriah, el hombre que fue llamado "amigo de Dios" erigió otro altar (22:9). En ese altar, bajo la dirección inequívoca pero incomprensible de Dios, Abraham colocó a su propio hijo. Era el acto máximo de rendición: Era despojarse de todo lo que amaba.

En un acto no distinto de una resurrección, Dios salvó al hijo de Abraham. La prueba había sido aprobada. Cuando Abraham puso a su querido, y por largo tiempo prometido, hijo en el altar y se preparó para enterrarle el cuchillo en el corazón, Dios sabía que era Abraham mismo quien estaba en el altar: Todo lo que era y lo que tenía pertenecía a Dios.

Todos esos altares anteriores habían estado preparando a Abraham para el momento en que sería llamado a hacer el sacrificio supremo. Con cada acto de rendición, en el corazón de Abraham se estableció la confiabilidad en Dios y en sus promesas. Asimismo, cada pequeño acto de rendición que hacemos nos confirma que Dios es digno de nuestra confianza y nos prepara para mayores actos de rendición que se nos puedan exigir mas adelante.

Los altares significan sacrificio y devoción. Significan ser consumidos. Son el símbolo de una vida que se entrega completamente a aquel por quien se edifica el altar. Muchas iglesias identifican un lugar u objeto en la parte frontal del santuario como "altar". Aunque no encendemos fuego ni ofrecemos sacrificios literales en esos lugares, tienen la intención de servir como recordatorios visibles de lo que debe ser una realidad espiritual para cada hijo de Dios. Como lo dijo el autor del himno: "Mi corazón es un altar, y tu amor, el fuego".[2]

PROMESAS QUE CONTRARRESTAN
NUESTROS TEMORES

Los puntos de rendición que Abraham tuvo que enfrentar en el curso de su vida pueden ser similares a algunos de los que usted ha enfrentado: Dejar atrás familia y amigos para mudarse a una nueva ciudad adonde no conocía ni un alma... tomar decisiones sacrificando sus propios intereses por el bien de los demás... mantener una relación con un pariente rebelde y buscar su corazón... vivir con la infertilidad... rechazar una lucrativa oferta que usted sabe no agrada a Dios... renunciar a la vida de un hijo.

Cuando se trata de las incertidumbres que nos impiden sacrificarnos, rendirnos y ser esclavos de Dios, nosotros, al igual que Abraham, tenemos "preciosas y grandísimas promesas" (2 P. 1:4) en la Palabra de Dios, promesas que contrarrestan poderosamente nuestros más profundos temores. Si confiamos en esas promesas y en el Dios que las hizo, se nos concederá la valentía para hacer todos los sacrificios que Él nos pida.

Si no confiamos en las promesas de Dios y por lo tanto, no damos un paso de fe y rendición, a la larga nos encontraremos bajo el yugo de las mismas cosas que rehusamos rendir. Terminaremos siendo controlados por lo que procuramos tener bajo control.

Confianza o tiranía. Esa es la opción. Confiar en las promesas de Dios —las cuales le liberarán para vivir con gozo bajo su señorío de amor— o vivir bajo la tiranía de lo que usted no quiere rendir.

Dios quiere que tengamos provisión, placer, protección y relaciones personales, pero quiere que busquemos esas cosas en el único lugar adonde se pueden hallar: En Él. No quiere que nos conformemos con sustitutos de lo verdadero.

Provisión. Las Escrituras nos exhortan a estar contentos con lo que tenemos (He. 13:5) y a no preocuparnos por la manera en que nuestras necesidades futuras serán satisfechas (Mt. 6:25-34). La base para estar satisfechos y libres de ansiedad es que Dios ha prometido proveer todo lo que necesitamos (aunque no necesariamente todo lo que queremos) (Fil. 4:19). Sobre la base de su promesa, cuando tenemos una necesidad, en vez de agitarnos, batallar o manipular, debemos simple y confiadamente pedirle que provea (Mt. 7:7; Fil. 4:6).

Si no estamos dispuestos a confiar en Dios en cuanto a la provisión se refiere, tal vez seamos tiranizados por la codicia, el robo, las trampas, la falta de generosidad, la mentira, la preocupación, la avaricia o el centrar nuestra vida alrededor del dinero.

Placer. No podemos escapar del hecho de que el dolor es inevitable en este mundo caído, y que el sufrimiento es un instrumento que Dios usa para moldear y santificar a los que ama. Sin embargo, Dios también nos creó para que sintiéramos intenso placer y gozo. El problema es que nos inclinamos a buscar el placer en cosas y personas que a la larga no pueden satisfacer los profundos anhelos de nuestro corazón, pues nuestro corazón nunca se podrá satisfacer con algo menos que Él. El corazón no rendido va tras lo que son placeres mezquinos, comparados con los placeres puros e infinitos que Dios nos quiere dar:

Me has dado a conocer la senda de la vida;
me llenarás de alegría en tu presencia,
y de dicha eterna a tu derecha.

¡Cuán precioso, oh Dios, es tu gran amor!
Todo ser humano halla refugio

a la sombra de tus alas.
Se sacian de la abundancia de tu casa;
les das a beber tu río de deleites.

—Salmo 16:11; 36:7-8

Hasta los santos plenamente rendidos a veces sufren, luchan y sienten tristeza. Pero en medio de nuestra peregrinación terrenal, el gozo que Cristo ofrece nos eleva por encima de nuestras circunstancias y nos proporciona un anticipo grandioso de los eternos placeres del cielo.

Sin embargo, si no estamos dispuestos a confiar a Dios nuestra felicidad y bienestar, e insistimos en la búsqueda de placeres temporales, los excesos y los abusos tales como el exceso de comida, el alcoholismo, la drogadicción, la promiscuidad sexual, el adulterio, la pornografía, la obsesión con la televisión, las películas o las novelas, la irresponsabilidad o el vivir por encima de nuestros medios económicos podrían llegar a dominarnos.

Protección. Nuestro Dios es refugio, fortaleza y amparo, así como el gran Redentor de sus hijos. El Salmo 91 habla de la asombrosa protección de Dios:

> *Yo le digo al SEÑOR: "Tú eres mi refugio, mi fortaleza, el Dios en quien confío"... Pues te cubrirá con sus plumas y bajo sus alas hallarás refugio.*
>
> *¡Su verdad será tu escudo y tu baluarte! No temerás el terror de la noche, ni la flecha que vuela de día, ni la peste que acecha en las sombras ni la plaga que destruye a mediodía.*

—Salmo 91:2, 4-6

Dios no nos promete que jamás correremos peligro, pero los

que se refugian en Él se colocan bajo su protección. Él nos asegura que nos defenderá y nos mantendrá libres de temor, sea lo que sea que tengamos que enfrentar en nuestra vida.

Sin embargo, si no confiamos nuestra seguridad a Dios y por el contrario, exigimos una garantía humana de protección y seguridad, tal vez terminemos abrumados por el temor, la preocupación, la falta de confianza en la gente, la obsesión con las armas, la falta de disposición a ser vulnerables, el temor a la intimidad, las tendencias hacia la violencia, el odio, el prejuicio, las teorías de conspiración o pensamientos de tipo paranoico.

Relaciones personales. Es cierto que Dios nos puede dirigir hacia la soledad por una temporada. Pero su Palabra expresa claramente que la base para la más rica de las relaciones humanas es una relación íntima con Él (1 Jn. 1:3, 7). Dios mismo ha prometido quedarse con nosotros, ser nuestro compañero constante, adondequiera que vayamos, sea lo que fuere que hiciéremos. Ha prometido: "No te dejaré, ni te de desampararé" (He. 13:5, LBLA).

A través de todas las Escrituras vemos que cada vez que uno de sus hijos temía enfrentarse solo, sin apoyo humano, la respuesta sencilla de Dios era: *Yo estaré contigo.* Esto implicaba: *Yo soy suficiente. Si me tienes a mí, tienes todo lo que necesitas.*

El hombre o la mujer que confía en sus promesas puede decir con el salmista:

> *¿A quién tengo yo en el cielo sino a ti?*
> *Si estoy contigo, ya nada quiero en la tierra.*
> —Salmo 73:25

Si no valoramos a Dios como nuestra relación primordial, viviremos con temor de perder las relaciones humanas y nos pondremos en posición de ser tiranizados por cosas como el carácter dominante, el abusar o recibir abuso, el adulterio, la promiscuidad, el chisme, las relaciones obsesivas o controladoras, la lascivia, la falta de satisfacción, la falta de perdón, la amargura, la manipulación, la deshonestidad o los celos.

COSAS CON LAS QUE PODEMOS CONTAR

La primera vez que a Ann Blocher le diagnosticaron cáncer de mama fue en 1977, cuando sus cinco hijos eran jóvenes. Después de recibir un tratamiento de quimioterapia, el cáncer al parecer quedó en remisión. Varios años más tarde volvió a aparecer. Después de una batalla para controlarlo con quimioterapia y dieta, Ann finalmente partió al hogar celestial en 1986.

Al atravesar por esos años tempestuosos e inciertos, Ann tuvo que enfrentar numerosos temores acerca de su futuro y su familia. Una de sus luchas fue el deseo de formar parte de la vida de sus hijos. Al enfrentar cada conflicto, Ann descubrió que la rendición que Dios le estaba pidiendo en realidad se resumía en confianza. Ella expresó esa perspectiva en un poema escrito menos de tres años antes de su muerte:

¡SÍ, SEÑOR! ¡SÍ Y AMÉN!

Hija, ¿puedes confiar en mí?
No solo para la eternidad máxima, de la cual no sabes casi nada, y por tanto no estás tentada a entrometerte en ella,
Sino por el corto plazo de tu vida entre el ahora y el después, adonde ves ocaso, separaciones y fracasos, deterioro, dolor, luto, decepciones.
¿Me consideras calificado para ser Señor de tus últimos días?
Oh ¡sí, Señor! ¡SÍ, Señor! ¡Sí y amén!

Hija, ¿puedes confiar en mí?
No solo para sincronizar los enredos inconcebibles de la creación,
Sino para obrar para bien las gravedades y los tirones dentro de tu
pequeña órbita, adonde tu corazón se halla tirado por necesidades y
carencias que deseas, pero no puedes satisfacer.
¿Consideras mis recursos adecuados para alimentar a los pajarillos y a
ti?
Oh ¡sí, Señor! ¡SÍ, Señor! ¡Sí y amén!
Hija, ¿puedes confiar en mí?
No solo para que vigile a las naciones y las creaciones que no son de este
mundo, sino a aquellos amados a quienes te entregué y tú me entregaste
a mí.
¿Me crees digno de confianza para realizar la buena obra que en ellos
comencé hasta el Día de Jesucristo?
Oh ¡sí, Señor! ¡SÍ, Señor! ¡Sí y amén![3]

Cuando Ann Blocher decidió acogerse al carácter, al corazón y a las promesas de Dios, pudo responder a su voluntad con una rendición sincera, significara esta lo que significara, estar enferma o sana, vivir o morir.

¿No es ese el meollo del asunto para todo hijo de Dios? *¿Puedes confiar en mí?*

Cualquiera que sean sus temores, las incógnitas o los retos de su vida, Dios ha prometido proveer para usted, compartir su placer con usted, protegerle y darle su continua presencia.

La verdad es que al firmar el contrato de rendición en blanco, no tenemos garantías del lugar al cual Dios nos conducirá, ni de lo difícil que será nuestra peregrinación. No obstante, conocemos el carácter de Aquel en quien hemos puesto nuestra confianza, y sabemos que las promesas de Dios compensan de más cualquier riesgo, peligro o reto que Él pueda permitir en nuestra vida.

PÓNGALO EN PRÁCTICA EN SU VIDA PERSONAL

- ¿Con cuál de los cuatro temores identificados en este capítulo se identifica usted más?

- ¿De qué forma ese temor le ha impedido rendir alguna parte de su vida a Dios?

- ¿Qué promesa de la Palabra de Dios aborda su temor?

NOTAS

1. Andrew Murray, *The Believer's Absolute Surrender* [La rendición plena del creyente] (Miniápolis: Bethany, 1985), 78.
2. George Croly, "Spirit of God, Descend upon My Heart" [Espíritu de Dios, desciende a mi corazón].
3. Usado con permiso de Betty y Clarence Blocher.

CAPÍTULO 6

CÓMO VIVIR UNA VIDA DE RENDICIÓN

LA PRÁCTICA

La consagración plena puede ser,
en cierto sentido, un acto de un momento,
y en otro, la obra de toda una vida.
Y sin embargo, si es real,
siempre estará incompleta.
La consagración es un punto de descanso
y a la vez, un progreso perpetuo.

FRANCES HAVERGAL[1]

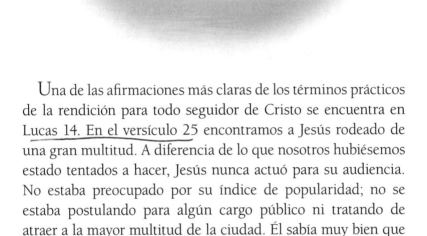

Una de las afirmaciones más claras de los términos prácticos de la rendición para todo seguidor de Cristo se encuentra en Lucas 14. En el versículo 25 encontramos a Jesús rodeado de una gran multitud. A diferencia de lo que nosotros hubiésemos estado tentados a hacer, Jesús nunca actuó para su audiencia. No estaba preocupado por su índice de popularidad; no se estaba postulando para algún cargo público ni tratando de atraer a la mayor multitud de la ciudad. Él sabía muy bien que cuando algunos escucharan su mensaje, perderían interés en su movimiento. Pero eso no le impidió ser directo.

Jesús miró a la multitud de aspirantes a discípulos y dijo, en efecto: "Si ustedes desean seguirme tienen que entender de que se trata": "Si alguno viene a mí y no sacrifica el amor a su padre y a su madre, a su esposa y a sus hijos, a sus hermanos y a sus hermanas (y aquí está el meollo del asunto), y aun a su propia vida, no puede ser mi discípulo. Y el que no carga su cruz y me sigue, no puede ser mi discípulo" (vv. 26–27).

No era posible interpretar mal el punto de Jesús. Él no les estaba ofreciendo a sus oyentes alguna experiencia cristiana de fin de semana, un escape de sus problemas, una anestesia para su dolor, ni seguro contra el fuego del infierno. Todo el que escuchaba a Jesús sabía que una cruz significaba solo una cosa:

La muerte. Los estaba invitando a que muriesen para todo lo que compitiera con su reino y autoridad sobre sus vidas.

En el versículo 33, Jesús reiteró su llamamiento a la rendición total: "Cualquiera de ustedes que no renuncie a todo lo que tiene no puede ser mi discípulo".

Las palabras de Jesús en Lucas 14 son penetrantes porque son intensamente personales y prácticas. Él no habló extensivamente sobre generalidades; más bien identificó asuntos específicos que deben rendir los que se llaman a sí mismos sus seguidores; cosas como *nuestras relaciones, nuestros afectos, nuestros cuerpos físicos, nuestros derechos y nuestras posesiones.*

Una cosa es tener una experiencia emotiva en una reunión cristiana adonde se es inspirado y alentado a rendir el control de todo a Dios, y otra cosa es poner en práctica esa rendición una vez que la emoción del momento ha pasado, cuando el autobús llega a casa de la conferencia... cuando pierde el trabajo y las cuentas siguen llegando... cuando se entera de que está esperando su quinto hijo en siete años... cuando a su cónyuge le diagnostican una enfermedad incurable.

Es en el laboratorio de la vida adonde se prueba, se comprueba y se demuestra nuestra consagración inicial a Cristo mediante decisiones y respuestas diarias, momento a momento, a medida que nos rendimos a la soberanía y la voluntad de Dios.

En 1874, cuando solo tenía 28 años de edad, Frances Ridley Havergal escribió un himno que se ha convertido en un amado tesoro de la Iglesia. Escrito en forma de oración, cada verso se centra en una dimensión de lo que significa estar plenamente rendido a Cristo. Al igual que las palabras de Jesús en Lucas 14, las palabras de Frances Havergal contestan la pregunta: *¿Cómo es una vida de entrega?*

Las siguientes preguntas tienen la intención de ayudar a personalizar y aplicar este maravilloso texto. Me gustaría exhortarle a que no repase a la ligera estas preguntas, sino a que haga una reflexión profunda sobre ellas y las conteste de manera cuidadosa y en actitud de oración.

MI VIDA

*Señor, toma mi vida para
que esté consagrada a ti.*

* ¿Alguna vez he reconocido conscientemente que Cristo es el dueño de mi vida?
* ¿He hecho una rendición voluntaria, incondicional y para siempre de mi vida a Cristo?
* ¿Procuro poner en práctica esa rendición a diario?
* ¿Existe algún "compartimiento" de mi vida sobre el cual me reservo el derecho de ejercer el control?

MI TIEMPO

*Toma mis momentos y mis días;
que pasen en incesante alabanza.*

* ¿Vivo consciente de que todo mi tiempo pertenece a Dios, o solo he reservado una porción de este para la categoría "espiritual" de mi vida?
* ¿Vivo cada día a la luz de la eternidad?
* ¿Es el uso de mi tiempo deliberado y tiene propósito? ¿Busco invertir cada momento de mi vida de tal manera que estos glorifiquen a Dios?
* ¿Busco su guía para que esta me indique como debo usar mi "tiempo libre"?
* ¿Malgasto el tiempo en conversaciones o entretenimientos inútiles o sin significado?

- ¿Aparto tiempo todos los días para alabanzas, oraciones y devociones personales?
- ¿Respondo rápidamente a las oportunidades de servir a los demás, incluso si estas requieren un sacrificio de "mi" tiempo?
- ¿Siento resentimiento o impaciencia cuando otras personas interrumpen mi horario o cuando debo atender asuntos no planificados que exigen parte de mi tiempo?
- ¿Veo mi trabajo como una oportunidad de servir a Cristo y glorificar a Dios?
- ¿He considerado un posible cambio de vocación que tal vez el Señor desee que yo haga con el fin de dedicar más tiempo al avance de su reino?

MI CUERPO

Toma mis manos y haz que se muevan al impulso de tu amor.
Toma mis pies y hazlos prestos y hermosos para ti.

- ¿Rindo los miembros (las partes) de mi cuerpo a Dios como instrumentos de justicia (Ro. 6:13, LBLA)?
- ¿Uso los miembros de mi cuerpo para expresar la bondad y el amor de Cristo a los demás (es decir, uso mis manos para servir y tocar cariñosamente)?
- ¿Uso algún miembro de mi cuerpo —ojos, oídos, manos, pies, boca— para pecar contra Dios (es decir, robo, miento, escucho o repito chismes, inflijo daño físico a mi cónyuge o hijos, escucho palabras obscenas, veo pornografía o pecados sexuales)?
- ¿Trato mi cuerpo como el templo del Espíritu Santo que es (1 Co. 6:19)?
- ¿Abuso de mi cuerpo de alguna manera (es decir, con comida, alcohol, drogas ilegales o medicinas recetadas)?

- ¿Estoy dispuesto a agotarme físicamente para servir a Dios y a los demás?
- ¿He renunciado al derecho de tener un cuerpo sano? ¿Aceptaría y abrazaría una enfermedad física si eso glorificara a Dios?
- ¿Me someto a Dios en cuanto a qué (o cuánto) como y bebo, y cuánto y cuándo duermo?
- ¿Soy moralmente puro: Lo que veo, lo que pienso, lo que hago, donde voy, lo que escucho, lo que digo?

MI LENGUA

Toma mis labios y llénalos de
mensajes que vengan de ti.

- ¿Acaso las palabras que salen de mi boca revelan que mis labios y mi lengua están plenamente rendidos a Dios?
- ¿Tengo el hábito de verbalizar la bondad y grandeza de Dios?
- ¿Pido a Dios regularmente que guarde mi lengua?
- Antes de hablar, ¿pregunto al Señor qué quiere que diga?
- ¿Lleno mi mente y mi corazón con la Palabra de Dios de manera que lo que salga de mi boca sean "mensajes de Él"?
- ¿Digo palabras que son críticas, groseras, falsas, egocéntricas, descorteses, vulgares o innecesarias?
- ¿Busco y aprovecho las oportunidades de dar testimonio verbal de Cristo?
- ¿Uso intencionalmente mi lengua para edificar y alentar a los demás en su andar con Dios?

MIS POSESIONES
Toma mi plata y mi oro,
no retendré ni una pizca.

- ¿Trato alguna de mis posesiones como si fuera mía y no de Dios?
- ¿Doy con generosidad, sacrificio y gusto a la obra del Señor y a los que tienen necesidad?
- ¿Tengo algo de lo cual no querría desprenderme si Dios me lo fuera a quitar o me pidiera que se lo diese a otra persona?
- ¿Manejo con sabiduría los recursos materiales que Dios me ha confiado?
- ¿Veo a Dios como mi proveedor y fuente de todas mis posesiones materiales?
- ¿Estoy contento con los recursos materiales que Dios me ha dado? Si Dios optara por no darme ni una cosa más de lo que ya tengo, ¿estaría satisfecho con su provisión?
- ¿Doy mis diezmos y ofrendas al Señor antes de pagar mis cuentas o gastar mi ingreso?
- ¿Me enojo o me molesto si los demás son descuidados con "mis" posesiones?

MI MENTE
Toma mi intelecto y usa todo
poder como tú quieras.

- ¿Llevo cautivo a la obediencia a Cristo cada uno de mis pensamientos? (2 Co. 10:5, LBLA)
- ¿Disciplino mi mente para llegar a conocer mejor a Dios y su Palabra?
- ¿Desperdicio mi mente en conocimientos o búsquedas

mundanas que no tienen un valor eterno o espiritual?

- ¿Tengo el hábito de pensar en lo que es justo, puro, bello, de buen nombre, virtuoso y digno de alabanza (Fil. 4:8), y no en lo que es inmoral, negativo, impuro o vano?
- ¿Protejo mi mente de influencias impuras (por ejemplo, libros, revistas, películas, música, conversaciones)?
- ¿Dedico mi capacidad mental a servir a Cristo y al avance de su reino?

MI VOLUNTAD

Toma mi voluntad y hazla tuya;
ya no será mía.

- ¿Procuro siempre conocer y hacer la voluntad de Dios en los asuntos prácticos y diarios de la vida?
- Cuando leo la Palabra de Dios (o la escucho proclamada), ¿estoy presto a decir "Sí, Señor" y a hacer lo que esta dice?
- ¿Hay algún aspecto en el cual Dios me haya mostrado su voluntad y yo haya descuidado o me haya negado a obedecer?
- ¿Tengo conocimiento de algo que Dios quiere que haga y que no he hecho ni estoy haciendo?
- ¿Siento resentimiento cuando las cosas no salen como yo quiero? ¿Tengo que tener la última palabra en los desacuerdos?
- ¿Soy obstinado? ¿Exigente? ¿Controlador?
- ¿Respondo rápidamente en confesión y arrepentimiento cuando el Espíritu Santo me hace caer en cuenta de que he pecado?
- ¿Me someto a las autoridades humanas que Dios ha colocado sobre mí (por ejemplo, civiles, eclesiásticas, familiares, laborales)?

MIS AFECTOS

Toma mi corazón, es tuyo;
será tu trono real.

- ¿Soy malhumorado? ¿Temperamental? ¿Difícil de complacer?
- ¿Amo a Cristo y a su reino más que a esta tierra y sus placeres? ¿Existe algo o alguien a quien esté más dedicado que a Cristo?
- ¿Permito que Cristo reine y gobierne mis afectos, emociones y respuestas?
- ¿Me enojo o me dejo provocar fácilmente?
- ¿Permito que alguien o algo distinto a Cristo controle mis emociones y respuestas?
- ¿Están mis deseos, apetitos y anhelos bajo el control de Cristo?
- ¿Estoy bajo el yugo de algún deseo o apetito terrenal, carnal o pecaminoso? ¿Me entrego a los deseos carnales o hago provisión para ellos (Ro. 13:14)?
- ¿Confío en el derecho que tiene Dios a gobernar las circunstancias de mi vida?

MIS RELACIONES

Toma mi amor, mi Señor. Derramo a
tus pies sus preciadas reservas.

- ¿Es mi deseo e intención amar a Dios con todo mi corazón, por encima de todas las relaciones terrenales? ¿Disfruto y procuro la amistad de Dios tanto como las amistades humanas?
- ¿Amo a Dios más que a mí mismo? ¿Procuro sus intereses, reputación y agrado por encima de los míos?
- ¿He rendido a Dios todos mis deseos, derechos y

expectativas con respecto a mi familia?

- ¿Estoy dispuesto a dejar que Dios decida si he de casarme y con quién?
- ¿He rendido el derecho a tener un cónyuge amoroso y piadoso?
- ¿Estoy dispuesto a amar a mi cónyuge cristianamente, aun si mi amor no es correspondido?
- ¿He aceptado la decisión de Dios de concederme o dejar de concederme la bendición de tener hijos?
- ¿Le he entregado mis hijos al Señor? ¿Trato de controlar sus vidas? ¿Estoy dispuesto a que Él los llame y los use en su servicio, adondequiera que sea, de cualquier manera, sin importar lo que cueste?
- ¿Hay alguien a quien yo "ame" de una manera que no sea pura? ¿Me estoy aferrando a alguna amistad o relación que Dios quiera que yo deje?
- ¿Estoy dispuesto a sacrificar amistades, si es necesario, para obedecer a Dios y su llamamiento para mi vida?
- ¿Estoy dispuesto, con el espíritu de amor, a decir la verdad a otros sobre su condición espiritual, incluso si eso significa arriesgar la pérdida de la relación o de mi reputación?

MI SER

*Toma mi ser. Seré siempre
y únicamente para ti.*

- ¿He rendido a Dios todo lo que soy y todo lo que tengo?
- ¿Hay alguna parte de mi ser—planes, relaciones, posesiones, emociones, carrera, futuro— que conscientemente rehúse entregar a Dios?
- ¿He comprendido que el propósito máximo de mi vida es agradar a Dios y glorificarlo?

• ¿Es la intención de mi corazón, mediante su gracia, vivir el resto de mi vida completamente para Él y para complacerlo, y no para mí y para mi placer?

PÓNGALO EN PRÁCTICA EN SU VIDA PERSONAL

Puede que usted haya expresado muchas veces su deseo de rendirse plenamente a Dios, o tal vez ahora mismo es que esté reconociendo lo que significa estar rendido a Él por completo. Independientemente de cuál sea su caso, ¿querría detenerse —ahora mismo, si es posible— y de rodillas ante Dios pronunciar la siguiente oración? *Señor, de nuevo en este momento, rindo cada parte de mi ser, todo lo que soy y todo lo que tengo, a ti.*

Cuando ore diciendo las palabras siguientes, visualice el lugar adonde está de rodillas como si fuera un altar de sacrificio, e imagínese ofreciendo cada parte de su ser a Dios como sacrificio vivo: *Te consagro mi vida... mi tiempo... mi cuerpo... mi lengua... mis posesiones... mi mente... mi voluntad... mis afectos... mis relaciones... mi ser. Tómame, tenme, haz conmigo lo que tú quieras. Te pertenezco en este momento y para siempre. Por favor, obra esa rendición en mi vida: Todos los días, en todos los asuntos, hasta que me postre delante de ti en la eternidad. Amén.*

NOTA
1. Frances Ridley Havergal, *Kept for the Master's Use* [Conservada para el uso del Maestro] (Chicago: Moody, 1999 [reimpresión]), 23.

CAPÍTULO 7

EL MODELO

EL SALVADOR RENDIDO

Amado Señor, sé tú la aguja,
que yo seré el hilo.
Tú vas primero,
y yo te sigo adondequiera
que me guíes.

CREYENTE DEL CONGO

Desde el momento en que de niña leí *El Zapatero que le dio la Biblia a la India* (la historia del misionero William Carey), mi apetito por las biografías de "héroes cristianos" ha sido voraz. Mi corazón se ha conmovido profundamente con las historias de Hudson Taylor, George Müeller, Gladys Aylward y otros cuyas vidas son retratos de una consagración completa a Cristo como Señor.

Sin embargo, las páginas de la historia no contienen una imagen más conmovedora y poderosa de lo que significa rendirse a la voluntad de Dios que la del mismo Señor Jesucristo. Desde el comienzo de la eternidad, a lo largo de todos los tiempos y por toda la eternidad futura, la vida de Jesús fue, es y siempre será una vida de rendición absoluta.

Antes de todos los tiempos, el Señor Jesús, aunque igual al Padre, voluntariamente se colocó a sí mismo bajo la autoridad del Padre. En la creación y a lo largo de toda la era del Antiguo Testamento, Él estaba junto a su Padre, deleitándose en trabajar junto a Él. Existía en una unidad perfecta con su Padre, y nunca deseaba nada contrario a su voluntad.

"HE VENIDO A HACER TU VOLUNTAD"

Cuando Jesús dejó el cielo para venir a la tierra, tenía un propósito en mente:

"Porque he bajado del cielo no para hacer mi voluntad sino la del que me envió".

—Juan 6:38

Por eso dije: "Aquí me tienes… he venido, oh Dios, a hacer tu voluntad".

—Hebreos 10:7

Consideramos extraordinario el que un ser humano rinda plenamente sus planes y su voluntad a la voluntad de Dios, probablemente porque no es común encontrar ese tipo de personas. Pero como hemos visto, a la luz de quién es Dios y quiénes somos nosotros, dicha rendición es completamente razonable. Lo que hace que la actitud del Señor Jesús sea tan asombrosa es que Él es Dios. La rendición de su voluntad a la del Padre solo se puede explicar en términos de una abnegación, confianza y humildad absolutas así como de una profunda devoción al Padre.

Durante los años que pasó aquí en la tierra, Jesús mantuvo su postura de rendición a Dios. Prácticamente lo único que se nos dice de la vida de Jesús desde la edad de 12 años hasta que alcanzó la edad adulta es que fue obediente a sus padres (Lc. 2:51). Esa obediencia a las autoridades humanas era una expresión de su rendición a la voluntad de Dios.

Antes de comenzar su ministerio terrenal, Jesús soportó un período de intensa tentación en el desierto. ¿Cuál fue el tema fundamental que Satanás usó para tentar a Jesús? El control.

Tal como había hecho con el hombre y la mujer en el Huerto del Edén 4.000 años antes, Satanás intentó que Jesús se rindiera a su control. E igual que sucedió con la primera pareja, comenzó apelando a los apetitos físicos de Jesús: Tú decides qué comer y cuándo. Aunque Jesús no había comido por 40 días, se negó a actuar independientemente de la dirección de su Padre, incluso en un asunto al parecer insignificante.

En su última descarga, Satanás ofreció dar a Jesús "todos los reinos del mundo y su esplendor" (algo que no era suyo, pues todo pertenece a Dios), si tan solo "te postras y me adoras" (Mt. 4:8-9).

Adán y Eva reprobaron básicamente esa misma prueba. Cuando les ofrecieron la oportunidad de controlar sus vidas, se postraron y adoraron a aquel cuya única intención es usurpar el trono de Dios.

Jesús sabía que si le daba a Satanás aunque fuera una pizca de control, estaba rechazando el reino y el control de Dios. Entendía que esa era la esencia del pecado; es lo que separa a Dios del hombre y la causa de toda la miseria en la historia del mundo.

Jesús reconocía únicamente a un Rey, y estaba plenamente rendido a la voluntad de su Padre celestial; por lo tanto, ni por un momento concedería el control al archienemigo del Padre. No se iba a postrar delante de algún otro mal llamado rey. No iba a adorar a alguien que no fuera Dios. No iba a ceder a sus deseos humanos de alimentos, comodidad o ganancia, si hacerlo le exigía actuar fuera de la voluntad de su Padre.

Jesús vino a la tierra expresamente a hacer la voluntad de Dios, la cual requería que ofreciera su cuerpo como sacrificio. Ni por un solo momento resistió Él la voluntad de su Padre. Nunca hubo un indicio de lucha por el poder entre el Padre y el Hijo, nunca hubo una batalla por el control, únicamente una rendición completa y gozosa. Para demostrar esa rendición, el Señor Jesús tomó "forma de siervo". Luego, en la demostración máxima de renuncia al control, "se humilló a sí mismo, haciéndose obediente hasta la muerte" (Fil. 2:7-8, LBLA).

LA RENDICIÓN SUPREMA

Usted podría decir: "¿Y Getsemaní? ¿No luchó Jesús contra la voluntad de Dios cuando se vio frente a la cruz?" Al contrario, después de la cruz misma, Getsemaní es la suprema ilustración de la rendición de Jesús mientras estuvo aquí en la tierra.

Poco antes de ir a Getsemaní a orar, Jesús predijo su muerte inminente. Luego dijo: "Ahora todo mi ser está angustiado, ¿y acaso voy a decir: 'Padre, sálvame de esta hora difícil'? *¡Si precisamente para afrontarla he venido!* ¡Padre, glorifica tu nombre!" (Jn. 12:27-28, cursivas añadidas).

Incluso antes de poner un pie en el huerto de Getsemaní, Jesús ya había resuelto el asunto; de hecho, el asunto se había resuelto antes de que Él pusiera un pie en el planeta. En la eternidad pasada, Jesús se rindió a la voluntad de Dios para convertirse en el que llevaría el pecado de toda la humanidad. Cuando Jesús se arrodilló en el huerto y "ofreció oraciones y súplicas con fuerte clamor y lágrimas al que podía salvarlo de la muerte" (He. 5:7), no estaba expresando resistencia a la voluntad de Dios; más bien estaba expresando *plena rendición* a la voluntad de Dios.

La angustia que el Señor Jesús sintió cuando sudaba gotas de sangre era que Él, que ni una sola vez había desobedecido a su Padre, que lo amaba y había estado a su lado por toda la eternidad (Pr. 8:30), que se había deleitado en hacer la voluntad de su Padre (Sal. 40:8), que había "amado la justicia y odiado la maldad" (He. 1:9), estaba a punto de *convertirse en pecado*, lo que sabía que su Padre aborrecía. El Hijo de Dios rendido había de cargar con toda la resistencia y rebeldía acumuladas y aumentadas de todos los seres humanos que habían vivido o iban a vivir alguna vez en este planeta.

Por eso clamó, en efecto: "Oh Padre, mi santo Padre, yo he vivido para agradarte. Y porque te amo, si es posible, pasa de mí esta copa para que no tenga yo que ser pecado, para que no tenga que separarme de ti".

El escritor de Hebreos nos dice que cuando Jesús clamó "fue escuchado *por su reverente sumisión*" (5:7, cursivas añadidas). Esa sumisión se vio cuando oró en el huerto: "Mas no se haga mi voluntad, sino la tuya". ¿Qué estaba diciendo? *Me deleito en hacer tu voluntad. Eso es todo lo que importa. Padre, me rindo a tu control.*

BAJE LA CABEZA

Jesús salió del huerto bajo arresto. No muchas horas después, dio su vida en la cruz. Las Escrituras son claras en cuanto a que nadie le quitó la vida. El relato de Juan de la crucifixión nos da un detalle significativo que no está incluido en los otros Evangelios. Se nos dice que después que Jesús tomó el vinagre dijo: "Todo se ha cumplido". Luego, "*inclinó la cabeza* y entregó el espíritu" (19:30, cursivas añadidas).

¿Se da cuenta? Él *bajó la cabeza*. No solo se desplomó, sino que bajó la cabeza. En ese momento final de su vida realizó un último acto poderoso y voluntario: Bajó la cabeza. Optó por el camino de la rendición. Fue escuchado por su reverente sumisión". Se rindió —de manera voluntaria y libremente dio su vida— para que usted y yo pudiéramos heredar la vida eterna.

¡Qué Dios! ¡Qué Salvador!

¡Y qué llamamiento! Así como la rendición de Cristo lo llevó a la cruz, así nuestra rendición siempre nos llevará a la cruz. Cada vez que su carne o la mía enfrentan la voluntad de Dios y optamos por *bajar la cabeza* rendidos a su Espíritu, nuestra voluntad se crucifica y Cristo es exaltado como Señor. Entonces...

- Cuando su carne quiera mirar ese sucio programa de televisión y el Espíritu diga: "Desechemos, pues, las obras de las tinieblas" (Ro. 13:12, LBLA), considérelo como una oportunidad para consciente y voluntariamente *bajar la cabeza* y rendirse a Dios.
- Cuando su carne quiera atacar airadamente y el Espíritu diga: "Revístanse de afecto entrañable y de bondad, humildad, amabilidad y paciencia, de modo que se toleren unos a otros..." (Col. 3:12-13), *baje la cabeza* y ríndase a Dios.
- Cuando su carne quiera dar un informe crítico acerca de otro creyente y el Espíritu diga: "No hablar mal de nadie" (Tit. 3:2), *baje la cabeza* y ríndase a Dios.
- Cuando su carne se sienta tentada a quejarse de sus circunstancias y el Espíritu diga: "Den gracias a Dios en toda situación" (1 Ts. 5:18), *baje la cabeza* y ríndase a Dios.
- Cuando su carne se levante contra una autoridad que usted crea no está siendo razonable y el Espíritu diga: "Sométanse por causa del Señor a toda autoridad humana" (1 P. 2:13), *baje la cabeza* y ríndase a Dios.
- Cuando su carne quiera herir a ese cónyuge, hijo o amigo que le ha herido y el Espíritu diga: "No paguen a nadie mal por mal" (Ro. 12:17), *baje la cabeza* y ríndase a Dios.
- Cuando su carne quiera decir algo que le va a hacer lucir bien y el Espíritu diga: "...ni es honrosos buscar la propia

gloria" (Pr. 27:2), *baje la cabeza* y ríndase a Dios.

- Cuando su carne quiera complacerse en fantasías sexuales y el Espíritu diga: "Bienaventurados los de limpio corazón" (Mt. 5:8) y: "Llevamos cautivo todo pensamiento para que se someta a Cristo" (2 Co. 10:5), *baje la cabeza* y ríndase a Dios.

- Cuando su carne quiera acumular sus recursos económicos por temor al futuro y el Espíritu diga: "El que da al pobre no pasará necesidad" (Pr. 28:27, LBLA), *baje la cabeza* y ríndase a Dios.

- Cuando su carne quiera encubrir la verdad para proteger su reputación y el Espíritu diga: "Hable cada uno a su prójimo con la verdad" (Ef. 4:25), *baje la cabeza* y ríndase a Dios.

- Cuando su carne quiera comer en exceso y el Espíritu diga: "...ya sea que coman o beban o hagan cualquier otra cosa, hágalo todo para la gloria de Dios" (1 Co. 10:31), *baje la cabeza* y ríndase a Dios.

Cada vez que usted y yo bajamos la cabeza aceptando la voluntad de Dios y rindiéndonos a ella, abrazamos la cruz y manifestamos al mundo el corazón de Cristo, el cual bajó la cabeza ante la voluntad de su Padre.

ETERNAMENTE RENDIDO

Hemos visto que desde la eternidad pasada, pasando por su encarnación, su vida y ministerio terrenales, y su muerte en la cruz que el Señor Jesús fue un siervo rendido. Sin embargo, nuestro retrato no está totalmente terminado. ¿Se ha dado cuenta de que por toda la eternidad, nuestro Salvador siempre será un siervo rendido?

El Evangelio de Lucas pinta un cuadro que no deja de conmoverme. Describe lo que sucederá cuando Jesús, nuestro Maestro, regrese por sus siervos fieles: "...Créanme que se ajustará la ropa, hará que los siervos se sienten a la mesa, y *él mismo se pondrá a servirles*" (12:37, cursivas añadidas). ¿Puede comprender eso? ¿El Rey y Señor del universo se pondrá uniforme de siervo y vendrá a servirnos? Eso me deja sin aliento.

Ahora, retrocedamos un poco y veamos cómo el Artista Maestro da las últimas pinceladas a este exquisito cuadro de rendición. Vemos la consumación de esa batalla cósmica por el control que se ha estado intensificando desde que Lucifer hizo valer por primera vez su voluntad contra la de Dios:

> *...y hubo grandes voces en el cielo, que decían: "Los reinos del mundo han venido a ser de nuestro Señor y de su Cristo; y él reinará por los siglos de los siglos".*
> —Apocalipsis 11:15b

Y así, el Siervo rendido ocupa su lugar con su Padre en el trono más alto del cielo y de la tierra, para gobernar por siempre como Señor soberano.

Pero ¡un momento! (Mientras leo estos pasajes me acuerdo del movimiento final de una sinfonía que progresa de un final triunfante y culminante a otro.)

Una escena más completa este cuadro. Acorde con el carácter y corazón de nuestro Salvador y Rey, su última acción no se describiría mejor con los címbalos altos y rotundos de una conquista majestuosa, sino con los ricos, exuberantes y vastos sonidos de... la *rendición*:

Entonces vendrá el fin, cuando él entregue el reino a Dios el Padre, luego de destruir todo dominio, autoridad y poder. Porque es necesario que Cristo reine hasta poner a todos sus enemigos debajo de sus pies... Y cuando todo le sea sometido, entonces el Hijo mismo se someterá a aquel que le sometió todo, para que Dios sea todo en todos.

—1 Corintios 15:24-25, 28

Cuando se haya dicho y hecho todo, el Rey conquistador entregará a su Padre todos los reinos que ha vencido, todo el botín de la guerra. Y luego, una vez más, a medida que el tiempo da paso a la eternidad, el Hijo de Dios, el Todopoderoso, soberano Creador y Redentor, el Señor del cielo y de la tierra, inclinará la cabeza en un acto de rendición final y magnífico.

PÓNGALO EN PRÁCTICA EN SU VIDA PERSONAL

- "La actitud de ustedes debe ser como la de Cristo Jesús" (Fil. 2:5). ¿De qué forma su actitud refleja el corazón del Señor Jesús? ¿En qué se diferencia de la de Cristo?

- ¿Qué asunto enfrenta actualmente que requiere que usted *baje la cabeza*?

CAPÍTULO 8

¡SÍ, SEÑOR!

DOBLE LA RODILLA

Diga "no" al yo; "sí"
a Jesús siempre.

WILLIAM BORDEN[1]

Hace varios años me pidieron que hablara a varios cientos de estudiantes universitarios en una conferencia celebrada entre Navidad y el día de Año Nuevo. Por lo general no acepto compromisos para dar charlas durante las fiestas navideñas; es la única época del año en que no tengo que viajar y espero con ansias el poder estar en casa. Aunque no quería hacer este viaje, percibí que el Señor quería que yo no cediera a mis deseos. Así que sometí mi voluntad (admito que con cierta renuencia) y acepté ir.

Mientras hablaba a esos estudiantes acerca de la rendición total, confesé las emociones con las que había luchado para ir a la conferencia. Les dije que, en mi humanidad, hubiera preferido quedarme en mi hogar, relajarme y contemplar el río que hay fuera de mi casa que tener que viajar para dar una charla durante las fiestas, pero esto se había convertido en un asunto de rendición.

Mientras me preparaba para hablar tuve la sensación de que Dios quería que muchos de esos estudiantes rindieran sus vidas al servicio cristiano vocacional. Al final del mensaje les dije lo que había en mi corazón y les pedí que consideraran lo que Dios podía estarles diciendo y que luego simplemente doblaran la rodilla y dijeran: "Sí, Señor".

Dos años más tarde recibí una carta de una joven que había asistido a esa conferencia. Me escribía para expresar lo que Dios había hecho en su corazón aquel fin de semana. En aquel momento, ella estaba en tercer año de universidad preparándose para hacer una carrera en publicidad.

La joven recordaba: "Cuando usted dijo que creía que Dios estaba llamando a muchos de nosotros a dedicar sus vidas al servicio cristiano, miré a mi alrededor preguntándome de quién podía estar hablando, sabiendo con certeza que no podía ser yo". Sin embargo, ese día Dios sembró una semilla en su corazón. La joven comenzó a percibir el llamamiento de Dios a rendir sus planes profesionales y dedicar su vida al reino de Cristo. Ella quería que yo supiera que estaba en el proceso de recaudar fondos para unirse al personal de tiempo completo de un ministerio para estudiantes (donde todavía trabaja hoy).

Me conmovieron de manera particular sus palabras de despedida: "Me alegro mucho que ese día de Año Nuevo usted no haya optado por quedarse sentada en su casa mirando el río, sino que se haya rendido al llamamiento de Dios en su vida".

Mirando atrás, yo también me alegro. Pero no puedo dejar de pensar en otros momentos en que he sido lenta para rendirme a la voluntad de Dios, y me pregunto cuántas vidas más Él podría haber tocado de manera significativa si yo hubiera sido más rápida para doblar la rodilla y decir: "Sí, Señor".

LLAMÁNDOLE "SEÑOR"

¿Qué sería para usted rendirse al control de Dios? Pedí a una serie de amigos que expresaran un punto significativo de rendición que hubieran enfrentado en su andar con Dios. Identificaron una variedad de asuntos que incluye la rendición de:

- Posesiones personales
- Hábitos de gastos
- Opiniones personales (por ejemplo, cómo debería funcionar mi iglesia)
- Hijos que se van del hogar
- Horario y tiempo (por ejemplo, ser ama de casa y mamá o educar a los niños en el hogar)
- Preocupaciones de salud y físicas
- Adicciones
- El derecho a controlar o a cambiar un cónyuge
- Pérdida de los padres por causa de la muerte
- Hogar y comodidad (por ejemplo, mudarse y servir en un ministerio)

Los asuntos específicos que Dios identifique en su vida pueden ser similares o distintos. La pregunta que usted debe contestar es: *¿Estoy procurando saber y seguir la voluntad de Dios en todas las áreas de mi vida?* El hecho es que muchos cristianos confesos van por la vida tomando decisiones y respondiendo a circunstancias, mientras que rara vez consideran: "¿Qué quiere Dios que yo haga? ¿Qué dicen las Escrituras acerca de esto?"

Jesús lo puso de esta manera: "¿Por qué me llaman ustedes 'Señor, Señor', y no hacen lo que les digo?" (Lc. 6:46). En otras palabras: "¿Por qué afirman que yo estoy a cargo de su vida, pero la viven como si ustedes fuesen los que estuvieran a cargo? No me preguntan lo que quiero que hagan, e incluso cuando saben lo que yo quiero, aun insisten en hacerlo a su manera".

Llamarlo *Señor* significa decir *sí:* a su voluntad, su Palabra y sus caminos. No podemos llamarlo *Señor* y luego proceder a conducir nuestra propia vida.

Tal vez usted diga: "Si llevo una vida rendida, ¿terminaré en el campo misionero... o tendré que dejar mi trabajo... o traer a mis padres a vivir en nuestra casa... o tendré que vivir en soledad toda mi vida?" Tal vez sí. Tal vez no. En realidad no importa. Lo que sí importa es decir: *Sí, Señor*. Entonces tendrá usted la gracia para hacer la voluntad de Dios —sea cual fuere— y el gozo que se deriva de cumplirla.

Rendirse a Dios puede significar estar felizmente casado durante medio siglo, ser fiel en un matrimonio difícil con un incrédulo, ser viudo y criar los hijos solo, o no casarse nunca. Lo que importa es decir: *Sí, Señor*.

Puede significar tener muchos hijos, pocos hijos o ninguno. Lo que importa es *¿cuántos hijos quiere Dios que usted tenga?*

Puede significar que usted gane mucho dinero y lo use para la gloria de Dios, o que solo se satisfagan sus necesidades esenciales y usted opte por contentarse con poco.

Puede significar que sea dueño de una casa encantadora y grande y la use para bendecir y servir a otras personas, o tal vez puede significar que usted viva durante años en un estudio de dos habitaciones en un país del tercer mundo traduciendo las Escrituras para los que nunca han escuchado la Palabra de Dios. Sea lo que fuere, lo que importa es decir: *Sí, Señor*.

La rendición total a Cristo como Señor sencillamente significa someter todo detalle y dimensión de nuestra vida a su gobierno soberano de amor.

DOBLANDO LA RODILLA

Durante años he tenido la práctica de arrodillarme delante del Señor al menos una vez al día como expresión física de mi deseo de rendir mi voluntad a la suya.

Estar totalmente rendido a Dios significa doblar la rodilla ante un Señor soberano. Significa decir *sí* a Dios...

- *Sí* a lo que Él escoja para su vida, incluso cuando no le parezca cómodo ni oportuno
- *Sí* a circunstancias difíciles o dolorosas que usted no puede entender ni cambiar
- *Sí* a todo lo que está revelado en su Palabra
- *Sí* a sus planes, propósitos y prioridades
- *Sí* a las autoridades humanas que Él ha colocado en su vida
- *Sí* a sus disciplinas
- *Sí* a su control sobre sus apetitos, su cuerpo, su tiempo, sus relaciones, su futuro... todo

Para algunos, ese tipo de rendición podría parecer un yugo; pero los que han doblado la rodilla, los que han depuesto las armas y ondeado la bandera blanca de la rendición saben que es el único camino a la verdadera libertad. Y con esa rendición viene una gran cantidad de bendiciones que no se pueden experimentar de ninguna otra forma: La gracia para obedecer a Dios, liberación de tener que conducir nuestro propio mundo, la paz de Dios, una plenitud de gozo inexplicable y una cantidad de fruto que jamás soñamos posible.

He sentido esto tantas veces en mi propia vida que a menudo miro atrás y me pregunto: *¿Por qué alguna vez me resistí a la voluntad de Dios?*

"POR FAVOR SEÑOR, ¡YO NO!"

Alguien ha dicho que la voluntad de Dios es exactamente lo que escogeríamos si supiéramos lo que Dios sabe. El problema es que no sabemos lo que Dios sabe, siendo esta la razón por la que tan a menudo nos resulta difícil aceptar su voluntad, y la razón por la que debemos aprender a confiar y obedecer.

Si reflexiono en lo que hasta ahora ha sido mi vida, me asombro de la belleza y magnificencia de su plan soberano, y de la manera intrincada y amorosa en que Dios dirige los detalles de nuestra vida... si lo dejamos. Cada vez que damos un paso de fe para rendirnos a su voluntad, cada vez que decimos sí a Dios, nos movemos hacia una esfera de mayor bendición y más fruto.

Nunca olvidaré la primera vez que se me presentó el reto de iniciar un programa radial diario para damas. Desde el principio, yo tenía múltiples objeciones a la idea, y fui presta a enumerárselas al Señor y a los demás. Algunas de esas reservas eran de orden práctico. Yo no sabía básicamente nada de transmisión radial y me sentía totalmente incapaz de asumir tal responsabilidad.

Existían otros obstáculos más personales. Contaba con 41 años y deseaba una vida más estable después de haber vivido durante más de 20 años un ministerio itinerante. En mi mente, aceptar esa responsabilidad significaba trabajar más y tener menos "tiempo libre" que nunca. Significaba renunciar a todo deseo de anonimato, privacidad o de una vida "normal"; cosas que yo anhelaba disfrutar. Recuerdo que pensé: *Esto significaría ¡no tener vida propia!*

Entonces sentí el corazón traspasado. Desde que era una niña había reconocido que Dios era el dueño de mi vida y había admitido que mi vida no me pertenecía. No obstante, estaba tratando de proteger y preservar parte de ella para mí.

Años antes había firmado ese contrato en blanco en el que daba mi vida completa a Dios para que la usara para sus propósitos. Ahora que Dios estaba llenando los detalles del contrato, no podía tomar de nuevo mi vida. Una vez más tuve que llegar a un nuevo punto de rendición a la voluntad de Dios, independientemente de lo que eso pudiera significar o del costo que representara. Finalmente dije: "*Sí, Señor.* Yo soy tu sierva. Tú conoces mis debilidades, temores y deseos personales. Pero yo aceptaré lo que sea que me reveles como tu voluntad en este asunto".

Una vez llegué a ese punto de rendición, Dios comenzó a encender la fe en mi corazón; fe en que Él me capacitaría para hacer cualquier cosa que me llamara a hacer, a pesar de mis limitaciones e insuficiencias personales.

El llamamiento de Dios en su vida probablemente sea diferente al mío... o al de otra persona. Independientemente de los detalles, Él solo pide que doblemos la rodilla y digamos: *Sí, Señor.*

El camino a la rendición no siempre es fácil. A veces me he encontrado en aguas bastante turbulentas por haber dicho sí a Dios. Ha habido momentos en que mi pequeña barca parecía voltearse. Sin embargo, he aprendido que en realidad no existe un lugar más seguro que su voluntad. Y en medio de las tormentas, he encontrado gozo, un gozo indescriptible. Y bendiciones, más de las que puedo contar. Bendiciones para disfrutar aquí y ahora, y la espera de bendiciones eternas que no puedo siquiera empezar a concebir. Es verdaderamente cierto que "si queréis ser felices, debéis obedecer".[2]

"ANNIE, LA RENDICIÓN ES COMPLETA"

En las Olimpíadas de París de 1924, un atleta escocés de 22 años ocupó los titulares de los periódicos cuando decidió decir *no* al yo y *sí* a Dios. Eric Liddell tomó una decisión que para la mayoría de la gente hubiera sido inconcebible: Salir de su mejor evento, la carrera de 100 metros, porque las carreras eliminatorias se celebrarían un domingo. Mientras sus competidores estaban participando en las eliminatorias,

Liddell estaba dedicado a la prédica de un sermón en una iglesia cercana.

Posteriormente, Liddell se inscribió en la carrera de 400 metros, carrera para la cual no tenía entrenamiento. Enfrentó el reto y terminó cinco metros por delante de su competidor más cercano, batiendo una nueva marca mundial. Sin embargo, esa medalla de oro olímpica, ganada en circunstancias tan extraordinarias, distaba mucho de ser el mayor logro de Eric Liddell.

Su obediencia a Dios en París fue solo una de una serie de rendiciones hechas durante toda su vida que le hicieron merecedor del aplauso del cielo. Después de su triunfo olímpico regresó a la China, adonde se había criado, para trabajar como misionero. En 1943 estaba interno en un campo de concentración japonés en la China, adonde continuó sirviendo a Dios y ministró con gozo a sus compañeros de prisión. Mientras todavía estaba en el campo, Liddell sufrió un tumor cerebral que destruyó su cuerpo y lo dejó parcialmente paralizado.

El 21 de febrero de 1945, Eric se encontraba acostado en una cama de hospital, luchando para poder respirar y pasando de un estado de conciencia a un estado de inconciencia. Finalmente sufrió convulsiones. La enfermera que había estado a su lado lo tomó en sus brazos mientras él lograba pronunciar sus últimas palabras: "Annie, dijo con una voz apenas perceptible, *la rendición es completa*".

Eric Liddell entró en coma y luego pasó a la eternidad, adonde el siervo dobló la rodilla ante el Maestro que tanto amó y por quien había trabajado tan fielmente.

PÓNGALO EN PRÁCTICA EN SU VIDA PERSONAL

- Amigo, *se trata simplemente de una rendición completa*. Cualquiera que sea el asunto que usted enfrente, por trivial o intimidante que parezca, cualquiera que sea el precio o los temores, por muy tonto que se sienta o parezca, adondequiera que le lleve esa rendición... aquí mismo, ahora mismo, ¿va a doblar la rodilla? Renuncie al control. Deje que Dios haga lo que quiera. Simplemente diga: *Sí, Señor, lo rindo todo.*

NOTAS

1. Dick Bohrer, Bill Borden: *The Finished Course: The Unfinished Task* [La carrera terminada: La tarea no acabada] (Chicago: Moody, 1984), 41–42.
2. John H. Sammis, "Trust and Obey" [himno conocido en español como "Cuando andemos con Dios"].

MENTIRAS
QUE LAS
Jóvenes
creen

Y LA VERDAD QUE
LAS HACE LIBRES

NANCY LEIGH DeMOSS
y DANNAH GRESH

Mentiras que las jóvenes creen proporcionará a las jovenes entre 13 y 19 años las
herramientas que necesitan para identificar dónde se han descarriado en su vida y
sus creencias como resultado de creer las mentiras de Satanás acerca de Dios, los
chicos, los medios de comunicación, y más.

ISBN: 978-0-8254-1202-8

Disponible en su librería cristiana favorita o en www.portavoz.com

La editorial de su confianza

Se creía que la revolución feminista traería mayor satisfacción y libertad para las mujeres. Sin embargo, no se sienten realizadas y libres porque han perdido la maravilla y riqueza de su vocación como mujeres. Hay un nuevo movimiento que está esparciendo semillas de esperanza, humildad, obediencia y oración. Es un llamado a regresar a una femineidad piadosa, y está resonando en el corazón de mujeres de todas partes mediante la sabiduría de mentoras como Nancy Leigh DeMoss, Susan Hunt, Carolyn Mahaney y otras.

ISBN: 978-0-8254-1203-5

Disponible en su librería cristiana favorita o en www.portavoz.com

La editorial de su confianza

Serie: Aviva nuestro corazón

Rendición, Quebrantamiento y Santidad

En esta serie de tres libros, la autora de más venta Nancy Leigh DeMoss ofrece principios prácticos para vivir una vida santa y tener un corazón animado y encendido para Dios. Nos guía en nuestro viaje para que sea una experiencia llena de Dios, que únicamente viene cuando nuestra vida es santa y nuestro corazón es puro.

ISBN: **978-0-8254-1187-8 Santidad**
ISBN: **978-0-8254-1186-4 Rendición**
ISBN: **978-0-8254-1185-4 Quebrantamiento**

Disponible en su librería cristiana favorita o en www.portavoz.com

La editorial de su confianza

PRÓLOGO POR
ELISABETH ELLIOT

MENTIRAS
QUE LAS
MUJERES
CREEN
y la
VERDAD QUE LAS
HACE LIBRES

Nancy Leigh DeMoss

Las mujeres tienen un arma poderosa para vencer las decepciones que Satanás impone en sus vidas: la verdad absoluta de la Palabra de Dios.

Todas las mujeres sufren frustraciones, fracasos, ira, envidia y amargura. Nancy Leigh DeMoss arroja luz en el oscuro tema de la liberación de la mujer de las mentiras de Satanás para que puedan andar en una vida llena de la gracia de Dios.

ISBN: 978-0-8254-1160-1

NANCY LEIGH DEMOSS

Autora de más venta de *Mentiras que las mujeres creen*

ESCOJA
PERDONAR

SU CAMINO A LA LIBERTAD

Aprenda como liberarse de la amargura y el dolor: Escoja perdonar. No hay palabras mágicas o fórmulas secretas para el perdón. Sin embargo, hay principios bíblicos que pueden ayudar a los cristianos a librarse del dolor. La distinguida maestra Nancy Leigh DeMoss ahonda en la Palabra de Dios para descubrir las promesas y exponer los mitos acerca del perdón. Este libro aborda las estrategias para poner la gracia y misericordia de Dios en práctica, para que podamos perdonar a otros como Dios nos ha perdonado a nosotros.

ISBN: 978-0-8254-1188-5

Disponible en su librería cristiana favorita o en www.portavoz.com

La editorial de su confianza

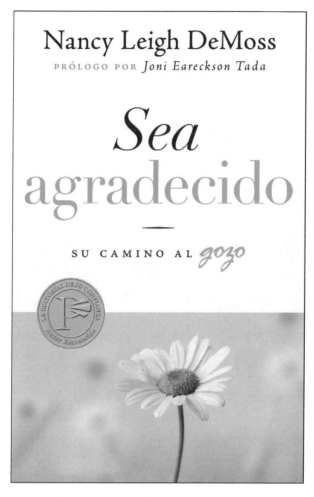

Nancy Leigh DeMoss

PRÓLOGO POR *Joni Eareckson Tada*

Sea
agradecido
—
SU CAMINO AL *gozo*

La gratitud es una elección. Pero si no la escogemos, por defecto hemos escogido la ingratitud. Y una vez admitida en el corazón, la ingratitud no viene sola, sino que trae consigo un montón de compañeros indeseables que le quitarán a usted la alegría. Pero cuando escogemos un estilo de vida de humilde gratitud, somos conscientes de los beneficios recibidos de nuestro amable Salvador. Al ser agradecido a Dios y a los demás, la amargura y el narcisismo son reemplazados por la alegría y la humilde comprensión de cuán indignos somos.

ISBN: 978-0-8254-1214-1

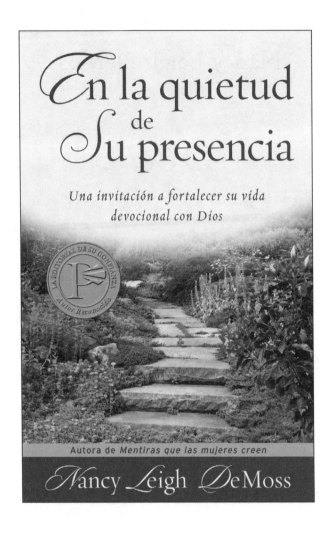

En este libro Nancy nos revela su corazón y su vida para hacernos ver que el devocional diario puede cambiar para siempre nuestra relación con Cristo. Aborda las frustraciones y dificultades comunes, que la mayoría de las mujeres encuentra en su vida devocional diaria, y hace sugerencias prácticas para poder superarlas.

ISBN 978-0-8254-1226-4